A ARTE DA CRIATIVIDADE

Rod Judkins

A ARTE DA CRIATIVIDADE

Tradução de
Alexandre Matias

ROCCO

Título original
THE ART OF CREATIVE THINKING

Primeira publicação na Grã-Bretanha em 2015 por Sceptre,
um selo da Hodder & Stoughton, uma empresa Hachette UK.

Copyright © Rod Judkins, 2015

O direito de Rod Judkins de ser identificado como autor desta obra foi assegurado
em conformidade com o Copyright, Designs and Patents Act 1988.

Nenhuma parte desta obra pode ser reproduzida ou transmitida por qualquer forma
ou meio eletrônico ou mecânico, inclusive fotocópia, gravação ou sistema
de armazenagem e recuperação de informação, sem a permissão escrita do editor.

Ilustrações © Rod Judkins

Direitos para a língua portuguesa reservados
com exclusividade para o Brasil à
EDITORA ROCCO LTDA.
Av. Presidente Wilson, 231 – 8º andar
20030-021 – Rio de Janeiro – RJ
Tel.: (21) 3525-2000 – Fax: (21) 3525-2001
rocco@rocco.com.br
www.rocco.com.br

Printed in Brazil/Impresso no Brasil

preparação de originais
SOFIA SOTER

CIP-Brasil. Catalogação na fonte.
Sindicato Nacional dos Editores de Livros, RJ.

J85a Judkins, Rod
A arte da criatividade/Rod Judkins; tradução de Alexandre Matias. –
1ª ed. – Rio de Janeiro: Rocco, 2017.
(Pitch deck)

Tradução de: The art of creative thinking.
ISBN 978-85-325-3058-5 (brochura)
ISBN 978-85-812-2683-5 (e-book)

1. Empreendimentos. 2. Criatividade nos negócios. 3. Empresas novas
– Administração. 4. Sucesso nos negócios. I. Matias, Alexandre. II. Título.
III. Série.

17-40063

CDD–658.11
CDU–65.016.1

Para Zelda, Scarlet e Louis

introdução

Quando pisei pela primeira vez em uma escola de arte como aluno, eu me senti instantaneamente em casa – pela primeira vez.

No colégio, a criatividade era suprimida e esmagada. Era algo que os professores e as autoridades realmente temiam. Eles a encaravam como algo perigoso, que não conseguiriam controlar. Eles afastavam os alunos da criatividade como os afastavam das drogas, dos crimes e do jogo.

Na escola de arte, eu encontrei o contrário. O espírito era de que erros eram bons. Lá você poderia tentar e falhar. Não havia ênfase em "acertar". Ao meu redor havia pessoas experimentando só porque podiam, fazendo coisas que não faziam sentido – ou *porque* não faziam sentido. Havia um ar de liberdade e desprendimento. Enquanto isso, em todo o resto do mundo, as pessoas estavam sendo irracionalmente razoáveis, fazendo algo porque era o que todo mundo estava fazendo. Paradoxalmente, o pensamento criativo da escola de arte me levou a mais feitos interessantes do que à abordagem sensata e lógica. Muitos anos depois, voltei para a educação de arte como professor universitário e descobri que o ambiente ainda era o mesmo.

Desde que saí da escola de arte, tantos anos atrás, equilibrei diversos papéis – educador, artista, escritor, consultor e orador – e também me tornei uma espécie de caçador-coletor de técnicas criativas. Depois de sair da Royal College of Art fiz várias exposições individuais com minhas pinturas. Expus em vários países e também na Tate Britain, na Royal Academy e na National Portrait Gallery, na Inglaterra. Dou aula na Central Saint Martins College of Art, em Londres, desde 1999, e também sou consultor criativo, trabalhando com empresas e negócios por todo o mundo, realizando oficinas que resolvem problemas profissionais usando a criatividade como chave. As oficinas revelam técnicas úteis que acessam ideias originais e ajudam pessoas e empresas a desenvolver uma relação mais direta com a sua criatividade.

Eu me importo profundamente em levar o espírito da criatividade que existe no mundo da arte para o resto do mundo. Eu não escrevi *A arte da criatividade* porque quis. Escrevi porque era preciso. Em muitos anos ajudando alunos, empresas e negócios de diferentes indústrias e pessoas de várias áreas, de cientistas a burocratas, eu vi em primeira mão como pensar criativamente pode transformar a vida cotidiana. Mostrei como os princípios de improvisação do jazz podem fazer a administração de um escritório fluir melhor, como ajudar um empreendedor cuja empresa de mergulho estava ameaçando entrar em falência porque tubarões haviam infestado sua área (resumindo a história: transformamos isso em seu mote de vendas mais interessante) e ajudei uma empresa a vender seus móveis de luxo ao promovê-los como sendo desconfortáveis.

Este livro pretende ser um panorama de muitas técnicas úteis de pensamento criativo e uma investigação dos processos e métodos de pensamento usados por pessoas criativas que podem ser usados para ajudar a todos. Mas também quero compartilhar histórias de alguns obstáculos inevitáveis que pensadores criativos aspirantes encontram e os métodos que usam para superá-los. São desafios que todos nós encontramos em nossa rotina, não importa em qual carreira ou campo de trabalho: o medo de não termos nenhum talento especial; a ausência de qualquer paixão forte, que nos motive; desejar sucesso em uma área na qual não somos bons de fato; a inaptidão em se sustentar a partir de nossas verdadeiras paixões; ter muitas responsabilidades e compromissos; sentir-se muito jovem ou muito velho, muito ingênuo ou muito exausto.

Este livro não foi feito para ser lido de forma linear. Quando sua criatividade estiver em baixa ou você sentir necessidade de se inspirar, abra em qualquer página ao acaso.

A arte da criatividade começou como um tributo ao que todos podemos aprender com a escola de arte, mas o que espero, mais do que qualquer outra coisa, é mostrar que pensar criativamente não é uma atividade *profissional* – é uma forma de se relacionar com a sua vida. Criatividade não tem a ver com criar uma pintura, um romance ou uma casa, mas com criar *a si próprio*, criar um futuro melhor e aproveitar as oportunidades que você está perdendo atualmente.

veja o que acontece quando você faz algo acontecer

O artista surrealista Salvador Dalí apareceu em um programa de TV americano chamado *What's My Line?*, em que um grupo de celebridades vendadas interrogava um "convidado misterioso" para tentar descobrir sua profissão. O grupo fez suas perguntas, mas quase imediatamente ficou confuso, porque Dalí respondia "sim" para tudo que era perguntado. Perguntaram se era um escritor, e ele disse que sim. Era verdade; além de três livros de não ficção, Dalí também escreveu um romance, *Faces ocultas*. Perguntaram se era um artista performático: "Sim." Ele havia produzido muitas obras de arte performática. Em um dado momento, um dos participantes, exasperado, exclamou: "Não há nada que esse homem não faça!"

Uma mente criativa quer moldar o mundo ao seu redor. Em *What's My Line?*, Dalí poderia ter dito que trabalhava com móveis; criou muitas poltronas, e seu sofá com os lábios da Mae West se tornou um design clássico. Como cineasta, realizou os revolucionários *Um cão andaluz* e *A idade do ouro*. Também criou a sequência onírica em *Quando fala o coração*, de Hitchcock, e um curta de animação incomparável com Walt Disney, *Destino*. Como joalheiro, criou intrincados desenhos de joias que quase sempre continham partes móveis, tais como o Royal Heart. Feito de ouro e incrustado de rubis e diamantes, seu centro pulsava como um coração de verdade. Como arquiteto, ele desenhou prédios, o mais famoso deles sendo sua casa em Port Lligat, e seu extraordinário Teatro Museo, em Figueres. Ele queria uma casa; por isso fez uma – por que chamaria alguém para fazê-la? Ele também desenhou cenários de teatros, roupas, tecidos e garrafas de perfume. O fabricante dos pirulitos Chupa Chups (que ainda estão nas lojas hoje em dia) pediu para Dalí desenhar um novo logotipo. Ele criou uma insígnia de margarida e uma tipografia (ainda usadas até hoje). Ele mesmo sugeriu que o logo ficasse no topo da embalagem, de forma que sempre estivesse totalmente exposto – um conselho seguido pelo fabricante. Dalí poderia ter pensado: "Sou um artista surrealista rico e famoso que já tem seu lugar na história da arte", mas ele não pensou; a ideia pareceu divertida e ele dava uma chance. Ele não tinha nenhuma regra em sua cabeça sobre o que era importante ou desimportante. Dalí até mesmo criou uma pessoa – comumente referida como o Frankenstein de Dalí –, Amanda Lear. Ele a conheceu em uma casa noturna em 1965, quando ela era chamada de Peki d'Oslo. Dalí rebatizou-a, recriou-a e espalhou histórias misteriosas sobre ela, lançando-a de forma bem-sucedida na cena disco-arte que ela tomou de assalto.

A escola e a sociedade nos fazem sentir que nossas habilidades são limitadas e nos roubam nossa confiança criativa. Apesar de termos nascido com imaginações, intuições e inteligências incríveis, muitas pessoas são treinadas para não usar esses poderes e, como resultado disso, eles murcham. Nossas escolas, famílias e amigos projetam uma visão limitada de nossas habilidades sobre nós. Se o criativo quer algo, deve ir adiante e tentar. Nem todos os designs, filmes ou experimentos de Dalí em diferentes mídias foram um sucesso, mas funcionaram o suficiente para que ele se tornasse respeitado.

Designers modernos como Philippe Starck e Zaha Hadid também têm uma visão única. Eles são famosos por projetar óperas, estádios e hotéis icônicos. Também criam carros, bicicletas, abajures, joias, poltronas e barcos. Eles desenvolveram uma forma de pensar que poderia ser aplicada para qualquer projeto. Às vezes você é bem-sucedido e às vezes você falha, mas é importante tentar tudo para ver o que acontece.

Uma mentalidade criativa pode ser aplicada a tudo que você faz e enriquecer todos os aspectos da sua vida. A criatividade não é um interruptor que você pode ligar e desligar, mas uma forma de ver, engajar-se e responder ao mundo ao seu redor. Os criativos são criativos ao arquivar documentos, cozinhar, organizar agendas e fazer trabalhos domésticos. Tente desenvolver uma forma alternativa de pensar que possa ser aplicada a qualquer desafio ou projeto, não importa o quão longe ele esteja de sua zona de conforto.

"Acho que qualquer ator que se preze quer mostrar o quão versátil ele pode ser."

Daniel Radcliffe

Concorda? Aventure-se para além de sua zona de conforto no próximo capítulo.
Discorda? Descubra por que a criatividade e a arrumação não funcionam juntas, na página 180.

seja para sempre um iniciante

Tive que criar uma nova novela para a TV. Eu nunca havia feito nada do tipo antes. Eu era um artista, um pintor e agora me encontrava em frente a trinta profissionais de TV. Eles me observavam com muita impaciência e expectativa.

Eu não tinha a menor ideia de onde eu estava com a cabeça quando aceitei aquele trabalho. A emissora de TV de Dubai havia me pedido para fazer oficinas de criatividade que eu havia desenvolvido para meus alunos no Central Saint Martins. O CSM as tornou disponíveis para um público ainda maior. A emissora de TV pagou minha ida para Dubai e me cobriu de luxos: um quarto no Dubai Hilton, um motorista e uma limusine, tudo pago. Eu me senti em dívida com eles e havia me preparado cuidadosamente. Não queria ir até lá e descobrir que eu havia deixado de fora algo importante.

Eles alugaram uma sala de conferência em um hotel cinco estrelas para que eu apresentasse meu workshop. Enquanto eu era levado para conhecer a equipe de produção, o gerente virou-se para mim e disse: "Ah, por falar nisso, em vez do workshop, gostaríamos de que você nos ajudasse a criar uma nova novela que se passa em Dubai." Foi uma bomba. Toda minha preparação fora em vão.

Estava à frente da equipe de produção, ansiosa. O lugar transbordava de riqueza e opulência; toalhas de mesa bordadas, cadeiras ornamentadas e telas *hi-tech* em todos os lugares. Eu me senti desconfortável. Estava acostumado a estúdios de arte com manchas de tinta na parede, pisos crus e um lugar em que você poderia cometer erros livremente. Me apresentei brevemente; na realidade, eu estava enrolando para ganhar tempo, tentando descobrir o que fazer. Sabia que não produziria nada criativo naquele cômodo, mesmo que eles tivessem gastado uma fortuna naquilo. Eu tinha que perturbar. Para o choque da equipe do hotel, eu os fiz tirar todas as mesas e cadeiras da sala. Não queria que ninguém ficasse sentado se sentindo relaxado. Com o quarto vazio me senti melhor. Era como uma tela em branco para um artista ou uma folha de papel vazia para um escritor. No entanto, eles todos pareciam irritados.

A emissora de TV estava com dificuldade para criar uma nova novela porque suas ideias eram previsíveis e sem graça. Eles queriam que eu as ressuscitasse. Disse que seria mais fácil jogar fora suas ideias e começar tudo de novo. Melhor pensar em novas ideias do que desperdiçar tempo tentando recuperar as velhas. Eles ficaram incomodados.

A equipe de roteiristas, os cinegrafistas, o pessoal da produção, os profissionais de som, os cenógrafos e os figurinistas tinham atitudes que travavam o pensamento criativo. "Tenho feito isso há anos. Sou um especialista. Fui instruído a fazer isso da melhor forma, sei exatamente o que estou fazendo." Eles queriam fazer as coisas da mesma forma que sempre fizeram. Eu sabia que não poderia trabalhar com eles até que abrissem as suas cabeças para novos métodos.

Troquei seus papéis. Pedi para os cinegrafistas escreverem algumas ideias de roteiro, para os figurinistas pensarem em personagens, os profissionais de som pensarem em locações e por aí vai. Eles estavam furiosos.

Eu tinha que convencê-los a tentar. Finalmente eles se abriram e me deram uma chance. O medo de fracassar desapareceu porque o peso da expectativa havia sido erguido. Não tinham mais uma reputação para proteger porque eles não estavam fazendo aquilo que haviam sido instruídos a fazer. Eles improvisaram. Brincaram. Ideias novas e originais começaram a aparecer. Eles se divertiram. Estavam se libertando. Criamos novos roteiros com personagens excitantes, cenários improváveis e linhas de roteiro inovadoras. Queriam pegar atores para ensaiar papéis e começar a filmar "de verdade". Mostrei que era isso que sempre faziam. Em vez disso, filmamos um episódio cru com eles mesmos interpretando os papéis. Eles improvisaram ideias incomuns e interessantes enquanto filmávamos.

Eles continuaram desenvolvendo as ideias cruas depois que eu voltei à Inglaterra. A novela foi ao ar. Era única e completamente diferente para Dubai. O processo determinou o resultado final.

Tire o máximo da inexperiência. Um iniciante tem uma perspectiva nova. Os amadores e não profissionais estão abertos a novas ideias: eles tentarão qualquer coisa. Eles não sabem como as coisas "deveriam" ser feitas e não estão impregnados por um método em particular. Nada é "errado" para eles porque eles não sabem o que é "certo".

É importante evitar se tornar um perito, um especialista ou uma autoridade. Um perito constantemente se refere à sua experiência passada. Repetem o que funcionou no passado. Eles transformam o conhecimento em um ritual repetitivo. Seu conhecimento se torna uma camisa de força. Mais do que isso, peritos dizem ter anos de experiência. O que eles na verdade têm é um ano de experiência repetido diversas vezes. Eles veem novos métodos como uma ameaça à sua expertise e buscam livrar-se deles.

Para se renovar ou renovar sua empresa, passe um dia trabalhando em algo que seja importante, mas que não seja aquilo em que você "deveria" estar trabalhando. Mudar funções cria um ambiente que encoraja inovação. Busque constantemente novas formas de fazer as mesmas coisas e não repetir aquilo que você já sabe. Não faça as coisas da forma comum, mas da forma incomum.

"O que eu já sei fazer, eu já fiz. Portanto, devo sempre fazer o que não sei fazer."

Eduardo Chillida

Inspirador? Descubra o arquiteto autodidata, na página 84.
Vulgar? Imite seus ídolos, na página 202.

culpe Michelangelo

O culto ao gênio criativo surgiu com o primeiro astro da arte, Michelangelo. Em 1550, seu biógrafo e guru de relações públicas, Vasari, promoveu a ideia do "Michelangelo Divino". Seu talento era um dom de Deus, dizia Vasari, e Deus havia concedido tais habilidades apenas a alguns poucos privilegiados, os escolhidos. Isso nutriu uma atitude elitista e pouco estimulante em relação à criatividade.

O que Vasari se esqueceu de mencionar foi que Michelangelo contava com um exército de assistentes. Os arquivos contêm centenas de contas para seus ajudantes altamente treinados – uma dúzia deles trabalhou continuamente no teto da Capela Sistina, por exemplo, o que explica a escala de seu feito e o fato de que aquela tarefa física poderia parecer impossível. Para mim, isso não diminui suas realizações. Seu papel era semelhante ao de um diretor de cinema, como Francis Ford Coppola no mundo de hoje, alguém que completa um enorme projeto ao guiar a equipe técnica para a execução daquela visão – um feito incrível, mas não super-humano. Apesar da trilogia *O poderoso chefão* ser uma visão de Coppola e de ter conseguido atuações incríveis de Marlon Brando e do restante do elenco, seria errado atribuir o figurino, a escrita do roteiro, o arranjo da iluminação, a edição e tudo mais envolvido na realização de um filme ao diretor.

Sem dúvida, um dos grandes gênios do mundo, Michelangelo não tinha tanto um dom divino, como tinha um talento intensamente nutrido. Ele cresceu entre pedreiros e sabia esculpir e cortar pedaços de pedra quando tinha seis anos de idade. Aos doze, ele já tinha esculpido pedras por milhares de horas. Aos quatorze, ele era aprendiz no estúdio de um artista. Este nível de treinamento hoje em dia não é mais possível. Na verdade, é ilegal.

Os velhos mestres são uma grande fonte de inspiração, mas não podemos nunca emular seu nível de habilidade. Temos que descobrir nossas próprias forças. Quando eu faço oficinas de criatividade em empresas, tento envolver todo mundo naquilo: os contadores, o pessoal do administrativo, os técnicos, quem quer que esteja por perto, não apenas os "criativos". No final das sessões, os "não criativos" se surpreendem com o fato de como podem ser criativos. Eles foram induzidos a acreditar que não tinham essa habilidade e, portanto, não tinham confiança. O pensamento criativo é como um músculo que precisa ser fortalecido através de exercícios. Eu quase sempre faço exercícios que duram cinco ou dez minutos, como um atleta faz uma série de pequenos exercícios para ficar em forma.

Quantas vezes você ouviu "eu não sei desenhar" ou "sou desafinado"? O conceito de talento inato corrói a confiança. Muitas pessoas não desenvolvem seus talentos porque elas são forçadas a achar que não nasceram com a quantidade requerida para ser profissional.

"Talento" é quase sempre confundido com "capacidade inata", mas muitas pessoas também confundem "talento" com "habilidade". Uma mente criativa moderna não tem como objetivo demonstrar proficiência ou maestria técnica; ela é mais preocupada em comunicar ideias e conceitos em quaisquer meios que forem adequados. É mais interessante se um engenheiro construir um foguete com pedras, um pintor pintar com sangue ou um harpista tocar um varal. Nossa tarefa é desenvolver nosso potencial criativo em quaisquer formas que surjam, independentemente de acharmos que "nascemos" assim.

"Nem todas as pessoas têm o mesmo tipo de talento; por isso você deve descobrir quais são os seus e trabalhar com eles."

Frank Gehry

Convencido? Descubra o que os Fab Four podem lhe contar sobre talento e esforço, na página 32.
Não convencido? Veja se Picasso pode persuadi-lo, na página 205.

seja o meio do seu meio

O ônibus espacial Columbia se desmanchou ao reentrar na atmosfera da Terra, matando instantaneamente sete tripulantes, por causa de um slide malfeito de uma apresentação em PowerPoint? Durante o lançamento, alguns dias antes, um pedaço de espuma de isolamento ficou preso à asa da nave. Enquanto o Columbia ainda estava orbitando a Terra, engenheiros da NASA mostraram os resultados de suas investigações a seus superiores. O pedaço de espuma era centena de vezes maior do que qualquer coisa que já haviam testado e poderia causar uma fratura severa. Infelizmente, o aviso estava apresentado no PowerPoint. Seus superiores saíram da apresentação achando que tudo estava bem.

Apresentações visualmente impressionantes contam uma história, conquistam o público e tornam informações significativas, divertidas e belas. A enorme magnitude do problema que a NASA enfrentava se perdeu. Estava enterrada em um slide cheio de itens destacados. Edward Tufte, um professor da Universidade de Yale e pesquisador de apresentações de informações visuais, investigou o incidente e demonstrou que o PowerPoint encorajava pouco raciocínio a partir do próprio design. Ele criticou o formato: ideias complexas espremidas em listas distorcem a informação. Se a informação tivesse sido apresentada em outro meio, o desastre poderia quase certamente ter sido evitado. Um conselho independente chegou à mesma conclusão depois de ler a análise de Tufte, admitindo que "é fácil entender como um gerente pode ler este slide de PowerPoint e não perceber que ele trata de uma situação de vida ou morte".

Seu local de trabalho, seja um supermercado, escritório, estúdio ou canteiro de obras, o convence a trabalhar e pensar de determinada forma. Quanto mais consciente disso você fica, mais você entende seu próprio meio e melhor você pode utilizá-lo em seu benefício. Uma reunião sobre finanças não é sobre finanças, é sobre reuniões: seu formato, suas políticas internas, suas hierarquias e a forma como as coisas são geridas e governadas. A decisão mais comum em uma reunião é marcar outra reunião. Isso não é realmente uma decisão.

Os artistas, em particular os surrealistas, foram os primeiros a investigar essa ideia. As pinturas de René Magritte eram pinturas sobre pinturas. Suas ideias surrealistas tiveram uma influência profunda em nosso entendimento sobre como o meio transforma a mensagem. Em vez de produzir arte sobre algo que ele havia observado, sua obra refletia o que era uma pintura e qual era o efeito real dela para quem a vê. Ele pedia que seu público duvidasse da ilusão que lhes era apresentada.

A Traição das Imagens, pintura de Magritte, mostra um cachimbo e, sob ele, as palavras "Isto não é um cachimbo" em francês. Parece que, à primeira vista, isso é uma contradição, mas é uma verdade de fato: não é um cachimbo, é uma imagem de um cachimbo. Magritte estava mostrando que uma pintura é uma ilusão. Ele estava tentando entender a linguagem da pintura, como funcionava e como transpunha ideias ao desafiar a percepção pré-condicionada do observador sobre a forma de arte. Uma pintura de flores não é sobre flores, é sobre o meio da pintura: as tradições, a história, a moldura, a galeria e as expectativas que o observador tem.

Artistas como Magritte entendiam seu meio e transportavam informações que eram poesias visuais. Aquilo as tornava mais memoráveis e facilmente compreensíveis, diferente das informações de cartazes, da televisão, dos jornais e da internet que nos bombardeiam atualmente. Estamos nos afogando nelas. Estamos tontos de tantas apresentações de PowerPoint cheias de listas disparadas sobre nós. Listas podem matar.

A maior parte das pessoas é composta por consumidores passivos que nunca analisam o meio. Em um cinema, o público vai junto com a ilusão e desfruta do espetáculo. Para um pensador criativo, a diversão está em desconstruir o espetáculo e analisar como eles poderiam ter estruturado o filme de forma diferente. E se a primeira cena e a última trocassem de lugar? E se o ator principal e o coadjuvante trocassem de papéis? E se o filme fosse mudo? Imaginar como esses elementos poderiam ser alterados afia o pensamento criativo. Para crescer em qualquer área de atividade, você precisa ter um conhecimento mais profundo dela.

"As novas mídias não são as pontes entre o homem e a natureza: elas são a natureza."

Marshall McLuhan

Não é o meio do seu meio? *Seja seu assunto em vez disso, de dentro para fora, na página 65.*

não seja outra pessoa

"Para ser insubstituível, você tem que ser sempre diferente", disse a excêntrica e pioneira estilista francesa Coco Chanel. Desde o começo de sua carreira, Chanel desafiava as convenções. Ela não gostava da forma como as mulheres eram forçadas a ficar desconfortáveis para parecer que estavam na moda. Ela não gostava de espartilhos; por isso os substituiu com elegância e conforto casuais. Ela era atacada com força pela imprensa da moda, mas era insistente: "Luxo deve ser confortável, senão não é luxo." Sua nova visão fez dela uma das figuras mais importantes na história da moda. Nos anos 1920 e 1930, ela popularizou o chique esportivo, casual. Seus pequenos vestidos pretos e os ternos que eram sua marca registrada são desenhos eternos, populares até hoje. As pessoas riam da forma como se vestia, mas esse era o segredo de seu sucesso: ela não parecia com mais ninguém. "O ato mais corajoso é pensar por si mesmo. E alto", ela dizia. Seu primeiro sucesso foi um vestido que ela fez partir de uma velha malha em um dia frio. Muitos vieram perguntar onde tinha comprado o vestido. Sua resposta era se oferecer para fazer um para eles. "Minha fortuna foi construída em cima daquela malha velha que eu vesti porque estava frio em Deauville", disse. O trabalho de Chanel irradia sua ousadia de ser completamente ela mesma.

Como Chanel, você tem que tirar o máximo de sua condição única. Ninguém mais pode extrair algo de suas experiências na infância e adolescência, dos seus dias na escola ou dos seus pais.

Todo mundo está em busca de originalidade. Ironicamente, ela está logo ali com elas, mas a maioria das pessoas está muito ocupada sendo outras pessoas. As pessoas criativas estão preparadas para ser elas mesmas. Elas tiram o máximo de suas próprias experiências, sejam elas boas ou ruins. A vantagem de serem eles mesmos é que são originais. Não há ninguém como eles. Isso faz que seja único o que quer que façam.

A artista Tracey Emin derrubou a barreira que a maioria das pessoas mantém entre seu eu público e seu verdadeiro eu ao usar suas próprias experiências como tema escolhido. Suas obras poéticas consistem em objetos íntimos que a maioria das pessoas não consideraria mostrar em público: sua cama suja e desfeita com lençóis manchados, um maço de cigarros que seu tio estava segurando quando foi decapitado em um acidente de trânsito e uma tenda bordada com os nomes de todos com quem ela havia transado. Ela é implacavelmente ela mesma.

Passamos muito tempo de nossas vidas não sendo quem realmente somos. Há uma enorme pressão para sermos outra pessoa; para cumprir as expectativas dos outros – ser um pai perfeito, um empregado obediente, um parceiro generoso ou um filho de sucesso. Nós perdemos a habilidade de sermos bons em sermos nós mesmos e esquecemos quem somos. O mundo constantemente nos força a mergulhar em ortodoxia para que nos tornemos indistinguíveis de todo o resto. Lutar contra isso é se envolver em uma batalha de uma vida inteira.

Para ser bem-sucedido criativamente você tem que perceber que não há problema em ser você mesmo. Todos nós temos fraquezas e forças; os criativos as aceitam e usam as duas. O maior benefício que você pode trazer para sua empresa, escola, negócio ou família é acentuar o que é especial e único em relação a si mesmo. Isso é difícil em uma sociedade que coloca enorme ênfase na conformidade.

Todo mundo precisa analisar e entender o que os faz funcionar, como desmontar um relógio para ver como ele funciona. O autoconhecimento o ajudará a entender o que você pode oferecer de especial. Pergunte-se: qual é a melhor ideia que você já teve? Como veio? Quando é que você é mais criativo? Nutra sua abordagem e personalidade individuais. É mais importante ser a melhor versão de você mesmo do que uma cópia ruim de outra pessoa.

"Ser qualquer pessoa que não seja você num mundo que faz o que pode, dia e noite, para que você seja qualquer um significa lutar a batalha mais difícil que qualquer ser humano pode lutar; e nunca pare de lutar."

e. e. cummings

Mais? *Veja por que James Joyce se beneficiou de ser autoindulgente, na página 156, mas teve o efeito oposto em sua própria filha, na página 172.*

seja um gerador

Robert De Niro fez vários testes, como todos os atores. Ele logo percebeu que não adiantava esperar para que alguém lhe desse uma chance: ele tinha que criar uma chance. Ele encontrou um livro interessante escrito por Peter Savage e Joseph Carter, chamado *Raging Bull: My Story*, que ele achou que poderia virar um filme, com ele no papel principal. Ele carregava o livro com ele e o mostrava para todos. Era a autobiografia de um boxeador, chamado Jake LaMotta. De Niro persuadiu um produtor de cinema para financiar um filme sobre o livro. O produtor tinha uma única condição: que o diretor Martin Scorsese estivesse a bordo. Scorsese, no entanto, não estava interessado – ele não gostava de boxe e achava que LaMotta não era um lutador importante, já que seu único talento era aguentar ser surrado. Depois de semanas de persuasão da parte de De Niro, contudo, Scorsese ficou intrigado pela luta de LaMotta com seus próprios demônios e concordou. O filme começou a ser produzido. De Niro engordou quase trinta quilos para retratar LaMotta em seus anos após o boxe, um grande feito à época. *Touro indomável* se tornou um dos filmes mais aclamados de todos os tempos e rendeu o Oscar de Melhor Ator para De Niro.

Para produzir qualquer coisa que valha a pena, você tem que ser proativo e fazer acontecer em vez de sentar-se e esperar. A maior parte das pessoas anda feito sonâmbulo pela vida e nunca se pergunta o que está fazendo, por que ou se aquilo realmente importa. Elas absorvem os valores de suas culturas, parentes e amigos, e os aceitam sem questioná-los.

Um dos participantes de minha oficina de criatividade era um ator com grande interesse em Shakespeare. Ele estava indo para inúmeros testes, mas não conseguia nenhum papel. Nós analisamos seu problema. Ele precisava da aprovação de diretores de teatro para passar nos testes. Por que ele mesmo não se tornaria diretor?, sugeri. Fazer ele mesmo a peça? Sem dinheiro para os outros atores? Faça você mesmo todos os papéis. Sem cenário? Faça você mesmo com pedaços de caixas de papelão. Ele se tornou uma companhia shakespeariana de um homem só. Ele montou *Hamlet* e fez todos os papéis. Suas apresentações eram únicas, fascinantes e inusitadas. Ele se tornou um enorme sucesso e recebeu oferta de papéis em peças na Broadway. Ele os recusou. Por que voltar a estar à mercê das decisões de outras pessoas?

Esse princípio se aplica a qualquer um. Você acha que a comunicação entre departamentos pode ser melhor onde você trabalha? Então instigue uma solução. Você quer ser um escritor? Pare de esperar por sua grande ideia – comece a escrever.

Nós nos tornamos vivos quando geramos algo que consideramos válido. O criativo dirige os projetos que importam para ele. Se eles sentem que o que estão fazendo é de real importância, então eles dedicarão toda sua energia e seu tempo para aquilo. Fazer o que importa é o que importa.

"A menor das coisas com um significado vale mais na vida do que a maior das coisas sem o mesmo."

Carl Jung

Concorda? Descubra como Salvador Dalí fazia as coisas acontecerem, na página 10.
Discorda? Veja por que o dinheiro importa tanto quanto qualquer outra coisa, na página 187.

comprometa-se com o compromisso

Nunca estivera tão aterrorizado. Eu não entendia o que estava acontecendo. Era uma criança de sete anos e me segurei no casaco da minha tia com medo de ser varrido pela massa em debandada de garotas que berravam e gritavam. O barulho era ensurdecedor. É impossível descrever toda a magnitude da histeria. As garotas desmaiavam e caíam enquanto os homens da ambulância passavam carregando seus corpos moles e contorcidos. Era como um campo de batalha medieval. Eu fui esmagado por todos os lados por uma multidão de milhares de pessoas. Seus olhos estavam molhados com lágrimas e seus rostos retorcidos de aflição.

E então os Beatles saíram do avião e as coisas ficaram realmente malucas. Era 1964 e minha tia, que trabalhava no aeroporto de Heathrow, tinha me levado para ver os Fab Four voltando para a Inglaterra depois de uma turnê triunfante pelos EUA.

Quando os Beatles tocaram no lendário programa de TV *Ed Sullivan Show*, foi um marco na cultura pop norte-americana. Um público recorde de 73 milhões de telespectadores ficou hipnotizado.

Para os EUA, os Beatles tinham sido um sucesso da noite para o dia, mas, na verdade, Lennon e McCartney já vinham tocando juntos desde 1957. Nas boates de Hamburgo, eles tocavam/suportavam shows ao vivo de oito horas por dia sem parar, sete dias por semana até as duas da manhã e tinham que trabalhar muito duro para atrair público das várias boates de Hamburgo que competiam por atenção. Suas habilidades e confiança cresceram. Em 1964, eles já haviam tocado ao vivo pelo menos 1.200 vezes, totalizando milhares de horas de tempo de palco, mais do que a maioria das bandas de rock toca em toda a sua carreira. Aquelas horas de shows fizeram os Beatles se destacar. Eram viciados na prática, mas seus ensaios

não eram repetitivos e, sim, aventureiros. Eles não tocavam as músicas clássicas do rock da época várias vezes para soar exatamente como os originais, como outras bandas faziam; eles experimentavam e improvisavam, constantemente transformando as canções até torná-las deles próprios. Eles entenderam que nada seria ganho a partir da repetição mecânica. Os Beatles davam retorno uns para os outros para melhorar e fazer seu som cada vez mais próximo ao dos Beatles e cada vez mais distante do de todo o resto.

Em seus primórdios, os Beatles não eram ótimos músicos; havia bateristas, cantores e guitarristas que eram melhores e mais virtuosos (uma vez perguntaram a John Lennon em uma coletiva de imprensa se ele considerava Ringo o melhor baterista do mundo; ele respondeu brincando que "Ringo não é o melhor baterista nem dos Beatles!"). Ainda assim, no *Ed Sullivan Show*, os quatro rapazes das ruas de Liverpool não mostraram o menor traço de nervosismo. Sua autoconfiança era o resultado de anos tocando juntos e de um doloroso desenvolvimento.

Noventa e nove por cento da diferença entre as pessoas inovadoras bem-sucedidas e aquelas que falham são o compromisso com o aperfeiçoamento. A quantidade extraordinária de tempo e esforço que os bem-sucedidos colocam em desenvolver seu trabalho amplifica suas habilidades. Se alguém é mais bem-sucedido do que você, é bem provável que tenha trabalhado mais no próprio aperfeiçoamento. A prática é importante, mas deve ser uma *boa* prática. A prática ruim é repetir mecanicamente algo para atingir a perfeição. A prática boa é investir tempo em melhoras criativas. Quando Matisse produziu uma série de pinturas da mesma modelo, ele não estava atingindo mais exatidão: ele estava atingindo mais e mais inventividade.

Os Beatles atingiram o máximo de seu talento ao investir na prática imaginativa de que precisavam para desenvolver suas qualidades. Nós só conseguimos tirar o que nós colocamos. Nenhuma obra-prima foi produzida por um artista talentoso, mas preguiçoso. As pessoas que se tornaram ricas o suficiente para nunca mais ter que trabalhar são as pessoas que nunca pararam de trabalhar.

"Um gênio! Por trinta e sete anos eu ensaiei quatorze horas por dia e agora me chamam de gênio!"
Pablo de Sarasate

Descubra como dois dos músicos mais talentosos do século XX ultrapassaram desafios inimagináveis, na página 245, ou por que, como Beethoven, você deveria buscar se desapontar, na página 194.

seja positivo em relação ao negativo

Roy Lichtenstein estabeleceu uma reputação como pintor expressionista abstrato nos anos 1950 quando este era o estilo dominante. Ele fazia pinturas borradas enormes cheias de gotas e manchas – o padrão da época. Suas pinturas eram respeitadas e suas exposições iam moderadamente bem. As críticas eram razoáveis. Ele se juntava à corrente.

De repente, em 1961, ele mudou de rumo da noite para o dia. Descartou a abstração e começou a fazer enormes quadros copiados de ilustrações de quadrinhos. Sua nova obra tinha contornos grossos, era dura, direta e sem expressão, desenhada por cima de imagens aumentadas. Era o resultado de um desafio de seu filho pequeno que apontou um quadrinho do Mickey Mouse e disse: "Aposto que você não consegue pintar um tão bom quanto esse, né, pai?" Então Lichtenstein aumentou e copiou exatamente uma das ilustrações na tela.

Os amigos de Lichtenstein odiaram. Foi o primeiro encontro deles com a Pop-Art. Eles nunca haviam visto nada como aquilo. Era o completo oposto das pinturas abstratas emocionalmente intensas com as quais eles estavam acostumados. Para eles, ilustrações de quadrinhos eram inúteis, lixo superficial, e simbolizavam o pior do comercialismo norte-americano.

Foi a reação mais forte que uma obra de Lichtenstein havia recebido. Ele percebeu que era melhor ter uma resposta poderosa, mesmo que negativa, do que as respostas respeitosas e discretas que estava acostumado a receber. Ele produziu mais pinturas de quadrinhos, exibiu-as, os críticos as atacaram. Mais uma vez, Lichtenstein achou que, apesar de negativa, ele estava recebendo uma reação forte. Até que sua Pop-Art icônica e o estilo de quadrinhos ressoaram com os jovens integrantes do mundo da arte e cimentaram seu lugar na história da arte.

Se outras pessoas respondem fortemente a algo que você fez, isso é positivo – mesmo se a reação for negativa. O que deveria preocupá-lo mais do que qualquer coisa é não ter nenhum tipo de reação. A história da cultura é a da negatividade para com o novo trabalho e as novas ideias, até um ponto em que o aborrecimento público pode ser visto como endosso. Para ser uma pessoa bem-sucedida você quase sempre tem que criar uma forte fundação com as pedras que lhe são jogadas.

"A única coisa pior do que falarem a seu respeito é não falarem a seu respeito."

Oscar Wilde

Convencido? *Conheça James Dyson, o inventor que não desistia, na página 76.*
Não convencido? *Conheça o par de guitarristas que tirou vantagem da desvantagem, na página 148 – um perdeu a memória e o outro, os dedos.*

seja praticamente inútil

O Juicy Salif é um espremedor de limão que não funciona. Ainda assim é um ícone do design e um enorme sucesso comercial. Por quê?

O design consiste em um corpo em forma de lágrima apoiado em três pernas de alumínio, um metal que associamos a modernidade e aeronaves. O que o faz tão distinto e, portanto, tão popular é vir imbuído com a personalidade de seu criador, Philippe Starck. Ele resume todas suas obsessões. Já esteve em exibição no Museu de Arte Moderna de Nova York; portanto, não é só design, mas arte.

Starck desenhou o Juicy Salif em um restaurante enquanto comia lula. Ele espremeu limão sobre a lula, pensou que o formato dela poderia ser usado como base para um espremedor de limão e começou a rascunhar em um guardanapo (agora em exposição permanente no museu Alessi, em Milão).

Os pensadores criativos se importam com o seu trabalho porque está cheio de coisas com as quais eles se importam. Quando era criança, Starck era fascinado por quadrinhos de ficção científica e passava horas redesenhando espaçonaves. Seu pai era um designer de aeronaves e Starck ficava encantado com as linhas lisas permitidas pelo alumínio. Outra de suas obsessões eram os formatos diversos de animais e plantas. Ele misturou todas essas influências díspares no desenho do espremedor de limão. O resultado foi bem-sucedido por ser algo pessoal. Ele não pediu para que chefs e cozinheiros testassem protótipos do Juicy Salif para adaptar às suas necessidades. Ele fez do jeito que ele queria. Um dos ingredientes-chave do sucesso do Juicy Salif era que ele não funcionava. Sua altura o tornava instável, o suco de limão pingava pelas pernas e seus pés arranhavam as superfícies de trabalho da cozinha. Imaginava-se que isso diminuiria sua reputação, mas, não, isso a melhorou. O público entendeu que a expressão era mais importante do que a função e que a ideia é que conta. O fato de ele não funcionar tornou-se seu atrativo de vendas especial.

Os inovadores genuínos são guiados por suas paixões e não por ambições racionais. Novas ideias vêm de interesses pessoais, mesmo que eles pareçam irrelevantes para as tarefas à mão. As pessoas inovadoras deixam as considerações práticas de lado porque pensar em logística leva a pensar em lógica, o que freia os saltos que a mente precisa dar para criar algo único.

Um contraponto à ortodoxia de que "a forma segue a função" foi a Well Tempered Chair, ou "cadeira bem-humorada", um ícone de design produzido por Ron Arad. Ela deixava quem a usava muito mal-humorado porque era feita de folhas de metal e era desconfortável demais para se sentar. O infame estilista de moda Alexander McQueen desenhava sapatos que eram impossíveis de ser usados e roupas que não eram feitas para ser vestidas. Os arquitetos Renzo Piano e Richard Rogers projetaram o Centro Pompidou em Paris do avesso. Características utilitárias como escadas rolantes, elevadores, canos, dutos de ventilação e fios elétricos foram postos para fora, liberando o espaço interno para exposições e eventos. O design futurista forçou custos altos de manutenção, pois requeria que fosse repintado constantemente. Todos estes pensadores criativos derramavam suas obsessões em seus trabalhos e ignoravam as praticidades.

Para ser fiel a uma ideia, você deve valorizar a expressão além da perfeição, a vitalidade além do acabamento, o movimento além da estática e a forma além da função. Ponha sua personalidade antes da praticidade e sua individualidade em tudo. Tirar o que não é prático é tirar o que é ímpar.

"São os viciados que persistem. Eles não são necessariamente os mais talentosos, são apenas aqueles que não conseguem tirar aquilo de seus sistemas."

Harold Brown

Agora conheça o exemplo mais famoso de imperfeição do mundo, na página 72.

não pense sobre o que os outros vão pensar

O astrofísico Subrahmanyan Chandrasekhar amava sua área. Suas ideias eram tão estranhas que outros cientistas não a aceitaram por anos. Ele trabalhava em relativa obscuridade. Ele criou um modelo para a evolução estelar que se tornou a base para a teoria dos buracos negros. Ele também era formidável em outro aspecto.

Na Universidade de Chicago, Chandrasekhar estava escalado para ministrar uma aula de astrofísica, a 120 quilômetros de distância do campus principal, no observatório de astrologia. Ele queria dar a aula, mas só havia dois alunos matriculados. A constrangedora baixa procura era uma piada entre os colegas de Chandrasekhar. Professores se orgulham de turmas populares com alta procura. Esperava-se que Chandrasekhar cancelasse a aula, pois ele tinha que se deslocar 240 quilômetros por estradas vicinais apenas para dois alunos. Mas ele não cancelou, porque ele adorava o tema e as aulas. Ele e os dois alunos passaram a contar suas ideias. Eles se aprofundaram no assunto – motivados pelo prazer de suas ideias e abastecidos pela satisfação de criar novas ideias para descrever a realidade. Sua satisfação vinha da emoção de atingir novas percepções. Era a menor turma da história da educação em universidades, era motivo de piada e ridicularizada.

Alguns anos mais tarde, os dois alunos ganharam o Prêmio Nobel de física. Eles riram por último. Foi a aula universitária mais bem-sucedida de todos os tempos. Todo mundo na turma ganhou um Prêmio Nobel.

Não se distraia com as opiniões dos outros: foque-se no que o motiva e o inspira. As experiências mais emocionantes são geradas pela mente, desencadeadas por informações que desafiam nossa forma de pensar. Se não é divertido, não há sentido em fazer.

Se você se anima com um tema que não anima mais ninguém, tudo que deveria importar é que você está interessado. Pensadores revolucionários que criam ideias totalmente novas são motivados por seus interesses, não pelos interesses dos outros.

"Eu juro por Deus, se eu fosse um pianista ou um ator ou alguma dessas coisas e todos esses bestas me achassem sensacional, eu odiaria. Eu não quero nem os ouvir me aplaudir. As pessoas sempre aplaudem as coisas erradas."

J. D. Salinger

Discorda? *Veja por que a opinião dos outros pode ser mais valiosa do que você pensa no próximo capítulo.*
Concorda? *Conheça Ed Wood, o dedicado cineasta que era tão lamentavelmente ruim que ganhou prêmios, na página 120.*

perceba a percepção

Isambard Kingdom Brunel, um grande engenheiro do século XIX, é lembrado por ferrovias, pontes e pelos primeiros barcos de hélice movidos a vapor. Mesmo assim, sua construção mais inovadora era sua imagem. A famosa fotografia de Brunel de pé próximo às correntes do lançamento do *Great Eastern* criava a ideia de Brunel como um gênio romântico, arrogantemente relaxado e confiante. Apesar de parecer uma foto casual de um despreocupado erudito descansando, na verdade era um ato doloroso de manipulação de imagem.

Esse clássico "instantâneo", na verdade, levou vários dias para ser construído. Em outras fotos tiradas na mesma ocasião, apesar de artisticamente posadas, Brunel aparece hesitante, insignificante, calvo, conservador e inconsequente contra um cenário com enormes correntes e navios. Ainda assim, uma foto acertou na mosca.

Tanto o fotógrafo quanto Brunel estavam procurando por uma imagem *idealizada*. Nos anos 1850, fotos instantâneas não eram possíveis; tirar fotos ao ar livre era árduo e consumia muito tempo. Requeria uma quantidade enorme de equipamento, incluindo um quarto escuro portátil com um arsenal de substâncias químicas tóxicas. Brunel tinha muitos projetos que exigiam sua dedicação àquela altura, mas ele os ignorou porque apreciava a importância da fotografia. Brunel entendia o efeito que a foto teria na consciência pública sobre ele e por consequência em seu trabalho.

O fotógrafo tirou muitas fotos por vários dias e finalmente eles chegaram à imagem mágica que está cimentada na imaginação do público. O fotógrafo entendia que o propósito da fotografia não era reproduzir a realidade, mas criar uma nova realidade com a mesma intensidade.

É impossível ver a engenharia de Brunel sem que a imagem daquela fotografia que o mostra como um gênio venha à mente. Brunel indiscutivelmente deve seu legado e seu lugar na história àquele fotógrafo mais do que aos seus próprios feitos de engenharia.

Esteja consciente de como seu público percebe e entende as coisas, e compreenda que a aura criada ao redor de uma pessoa, lugar ou obra afeta a forma como as pessoas se relacionam com eles. Para conseguir que o público leve o seu trabalho a sério, é necessário se levar a sério. Às vezes, para convencer as pessoas sobre o valor do seu trabalho, você tem que convencê-las do seu valor.

"Nós podemos controlar nossas vidas controlando nossas percepções."

Bruce Lipton

Não está interessado em melhorar sua própria imagem? *Considere se tornar um anônimo, na página 211, ou descubra os benefícios de ser o mais chato possível, na página 250.*

duvide de tudo o tempo todo

Richard Feynman duvidava da matemática tradicional. É uma dúvida bem grande. Ele criou uma nova matemática, chamada de diagramas de Feynman (tecnicamente um novo tipo de álgebra). A dúvida era central ao pensamento de Feynman, um norte-americano vencedor do Prêmio Nobel, famoso por seu trabalho em mecânica quântica e física das partículas. Ele duvidava da habilidade da matemática tradicional para descrever este novo mundo subatômico e, portanto, inventou uma nova matemática, hoje a mais amplamente utilizada no campo. As pessoas estavam usando a velha matemática para descrever um novo mundo e não estava funcionando. Ele duvidou de tudo constantemente, porque ele percebeu que, se não tivéssemos a dúvida, não teríamos nenhuma nova ideia. Ele acreditava que nada era absolutamente certo.

Liberdade para duvidar é o aspecto mais importante da nossa cultura. A dúvida deve ser promovida em toda organização e empresa. Muitos temem as consequências da dúvida, mas é uma porta para um novo potencial; não ter certeza lhe dá a chance de melhorar a situação. É absurdo pensar que nós podemos encontrar tudo que há para saber apenas escutando especialistas, pais e autoridades sem duvidar ou nos testar.

Não são apenas os que buscam revolucionar nosso entendimento sobre a física das partículas, como Feynman, que podem se beneficiar da dúvida. O Modelo T de Henry Ford dominou o mercado dos automóveis depois de ter sido apresentado em 1908. Ele duvidava da forma demorada e tradicional como os carros eram feitos e inventou a linha de produção, que permitia que os carros pudessem ser feitos dos melhores materiais, mas de forma barata. Ele duvidava do custo de oferecer uma ampla escolha de cores e ficou famoso por dizer que "qualquer consumidor pode ter seu carro pintado da cor que ele queira, desde que seja preto".

Depois de anos de inovações, no entanto, Ford tornou-se complacente e parou de duvidar. Ele não tinha dúvidas de que o Modelo T era tudo que as pessoas queriam. Mas os consumidores e concorrentes dos anos 1920 começaram a duvidar disso – por que eles não poderiam ter carros de outras cores? Ford quase destruiu sua própria empresa. Seu filho, Edsel, salvou tudo ao duvidar da estratégia do pai e finalmente Ford moveu-se com o tempo.

A dúvida é uma chave para libertar novas ideias. Einstein duvidou de Newton. Picasso duvidou de Michelangelo. Beethoven duvidou de Mozart. É por isso que as coisas mudam. Se Einstein acreditasse que Newton estava certo, não teríamos nenhuma teoria da relatividade. Se Picasso acreditasse na visão de mundo de Michelangelo, ele não desenvolveria o cubismo. É essencial duvidar de todos e saber que você não sabe. Certeza é a forma conveniente e fácil de sair do desconforto. É o equivalente mental do *fast-food* – satisfaz a nossa fome por respostas com o mínimo de esforço. A dúvida, por outro lado, é um grande incentivo para o crescimento pessoal.

Duvidar, não saber, perguntar, errar e fracassar são a melhor e única forma de crescer, progredir e seguir em frente.

Duvide deste livro. Duvide do que você sabe. É importante ouvir professores e especialistas e buscar conhecimento – mas, ao mesmo tempo, duvide. O poder da ciência e da arte é a dúvida. Tudo que foi alcançado nos últimos quinhentos anos ocorreu por causa da dúvida. Ao duvidar, nós investigamos, e ao investigar, descobrimos novas ideias. Duvide de tudo e de todos o tempo todo – especialmente de você mesmo.

"A dúvida não é uma condição agradável, mas a certeza é absurda."

Voltaire

Ainda se sentindo seguro sobre si mesmo? *O próximo capítulo deve dar um jeito nisso.*

sinta-se inadequado

Você se sente inadequado? Sente que não é tão talentoso quanto os outros? Bom. Sentir-se inadequado é a força-motriz para melhorar. Os satisfeitos não estão produzindo grandes coisas. Eles estão lá sentados, convencidos e vaidosos.

Nos muitos anos em que entrevistei e pesquisei pessoas criativas, aprendi que a dúvida pessoal é um motivador importante. Quando eu era estudante no Royal College of Art, muitas pessoas famosas como Ridley Scott, Henry Moore e Dennis Hopper apareciam por lá para descobrir novas tendências. Eu ficava sempre surpreso com sua humildade. Eu lembro a surpresa dos estudantes quando David Bowie, que nos deixava impressionados, se sentia particularmente inseguro nos tratando como artistas "de verdade" e "sérios" e se vendo como um mero amador. As grandes mentes criativas quase sempre são tomadas por dúvidas pessoais, mas elas as transformam em uma força motivadora, um motor que as empurra para a frente em vez de algo que as retenha. Por se sentirem inadequados, eles querem provar que não são. Eles fazem isso tentando fazer grandes coisas. A dúvida e a paixão formam uma poderosa combinação.

Os maiores artistas sofrem das maiores dúvidas pessoais. Muitas pessoas criativas bem-sucedidas – como empreendedores, celebridades, artistas e escritores – têm um forte sentimento de inadequação, não importa o quanto façam sucesso.

"Às vezes eu acordo pela manhã antes de ir filmar e penso que não posso fazer isso, que sou uma fraude. Que vão me demitir... Todas essas coisas. Sou gorda, sou feia...", admitiu a atriz Kate Winslet, apesar de ter sido a pessoa mais jovem a receber seis indicações ao Oscar e ganhar o prêmio de Melhor Atriz pelo filme *O leitor*. Ter altos padrões para si mesmo e seu trabalho é um fator provocado pela dúvida. Mas elevar os parâmetros para si mesmo vale a pena.

Apesar de exalar autoconfiança, John Lennon era surpreendentemente inseguro e sofria de uma profunda falta de autoestima. Lennon escreveu a letra da música "Help!" para expressar sua confusão depois da ascensão meteórica dos Beatles rumo ao sucesso. "Eu estava gordo e deprimido e gritando por socorro." Foi a primeira rachadura na armadura de autoproteção de Lennon. Por toda sua vida, mesmo no auge da Beatlemania, apesar de ter mais singles e álbuns no topo das paradas do que qualquer outro artista e quebrar recordes de público em shows e audiência pela TV, ele ainda tinha uma autoestima baixa. E ela foi a força-chave que lhe fez ser cada vez melhor.

Muitas pessoas criativas bem-sucedidas secretamente temem que os outros vão descobrir que elas não são boas ou capazes. Eles acham que a polícia do talento pode chegar e prendê-los a qualquer momento. Eles se dão pouco crédito pelo próprio sucesso e o atribuem à sorte. É por isso que eles se esforçam tanto. Esse é o tipo de atitude de que eles precisam para alcançar grandes feitos. A dúvida sobre eles mesmos os torna diligentes. Sem ela, eles não continuariam lutando para atingir padrões mais altos. O medo do fracasso é um grande motivador e mantém o ego criativo em xeque.

"Eu não acredito que suspeitem como me sinto completamente inseguro sobre mim e meu trabalho e o quanto as dúvidas dos outros me passaram a tortura da dúvida em mim mesmo."
Tennessee Williams

Mais? *Se você gosta da dúvida, vai amar a ignorância, na página 135.*
Menos? *Se você já duvidou muito de si mesmo por hoje, tente a página 84.*

seja naturalmente inspirado

A força e a beleza estrutural dos ninhos de pássaros são formidáveis, mas como podem ser usadas em escala humana? O escritório de arquitetura Herzog and de Meuron respondeu a essa questão produzindo um dos mais espetaculares edifícios dos últimos tempos, o Estádio Bird's Nest (em português, "ninho de pássaro"), para ser a peça central dos Jogos Olímpicos de Pequim, em 2008. A fachada consiste em milhares de "gravetos" de aço preenchidos por painéis translúcidos com as mesmas qualidades isolantes da combinação de lama, penas e musgo de um ninho de pássaro de verdade. Os painéis protegem os espectadores do vento e da chuva, mas inteligentemente permitem que a luz do sol se infiltre para alimentar a grama. As lacunas na fachada permitem uma ventilação natural porque o ar flui através do pátio público para o estádio e finalmente sai pelos buracos no teto.

O estádio atingiu sua aspiração de ser um marco global. A beleza intoxicante da casca de treliça elíptica é um triunfo estético que cimentou a reputação da China como um lugar para corajosos riscos criativos. Mais impressionante é que a estrutura radical rasgou as regras do modernismo que havia se tornado uma espécie de autoritarismo.

Não importa em qual área você trabalhe, a natureza sempre pode lhe fornecer novos pontos de vista. A natureza é criativa por necessidade. É a solução perfeita de problemas. Animais, plantas e micróbios são habilidosos inventores e os melhores engenheiros. Depois de 3,8 bilhões de anos de evolução, eles descobriram o que funciona e, mais importante, o que dura. Foram necessários milhões de anos para que evoluíssem soluções que agora podemos acessar em minutos.

A inovação inspirada pela natureza é mais do que apenas buscar padrões e estruturas – o formato de uma libélula, por exemplo – e se "inspirar"; é uma metodologia que está sendo usada pelas maiores empresas e pelos melhores inventores. Pensadores criativos não pensam em termos do que eles podem extrair do mundo natural, mas do que podem aprender com ele. Eles estudam as melhores ideias e então as imitam para solucionar diversos problemas.

Designers da Nike observaram cabras da montanha no Zoológico de Oregon e desenvolveram o Goatek Traction, um tênis de corrida. Enquanto viajava pelo Canadá, Clarence Birdseye comeu peixe que havia sido congelado e descongelado naturalmente. Ele usou a ideia da natureza, e toda a indústria de alimentos congelados decolou. Dr. René Laennac se inspirou para inventar o estetoscópio depois de ver uma criança colocando sua orelha na ponta de um longo galho oco que transmitia e amplificava os sons que vinham da outra ponta. Turner se amarrou num mastro do navio no meio de uma tempestade para observar a natureza e capturar sua essência em pinturas. O projeto icônico de Jørn Utzon para a Opera House de Sydney foi inspirado por uma laranja cortada que ele havia comido no almoço: as quatorze conchas do prédio, se reunidas, formam uma esfera perfeita. George de Mestral, quando andava pelo campo, percebeu que carrapichos grudavam em suas roupas. Ao imitar os pequenos ganchos dos carrapichos, ele desenvolveu o Velcro. O trem-bala japonês Shinkansen foi baseado no bico aerodinâmico de um martim-pescador. Plantas interligadas que se penduravam de forma catenária inspiraram o design da ponte suspensa. Muitos compositores usaram o canto dos pássaros como inspiração: Olivier Messiaen foi um grande expoente, bem como Beethoven, Handel, Mahler e Delius.

Muitas empresas do Vale do Silício modelaram a forma como se organizam a partir de organismos vivos. Isso permite que se adaptem rapidamente às mudanças e se reestruturem ligeiramente em resposta aos desenvolvimentos do mercado.

Não importa em qual área você trabalhe, a natureza já produziu algo que se relaciona com o seu assunto. Explore o animal, o vegetal e o mineral. O que eles podem ensiná-los? Pense na natureza não como uma fonte de materiais para serem usados, mas como uma biblioteca de ideias.

"Não há melhor designer do que a natureza."
Alexander McQueen

Entusiasmado com inspiração natural, mas sem interesse em praticidade? *Tente a página 38. Curioso sobre transcender os limites naturais? Considere tentar um relógio corporal de 26 horas, na página 132.*

não seja um especialista em si mesmo

Se você der uma palestra ou falar sobre si mesmo no seu trabalho, tente abraçar a seguinte atitude: não sei o que eu faço nem o porquê; vamos descobrir isso juntos. Uma vez eu participei de uma palestra cujo apresentador passou os primeiros vinte e cinco minutos falando que ele era importante e um perito em sua área. Foi contraproducente. Todos nós estávamos lá sentados pensando que, se você tem que contar como você é importante, você não é muito importante. Por acaso, logo depois eu participei de uma palestra de um famoso escultor que desarmou completamente o público ao começar com a afirmação de que ele não entendia de verdade seu trabalho: ele experimentava, as pessoas pareciam achar que dava certo; então ele continuava fazendo aquilo. Ele pediu para que nós, o público, explicássemos seu trabalho para ele. Você só vai conseguir aproveitar sua fala ao máximo se ela lhe ensinar algo sobre você mesmo.

- ☞ Não assuma o papel de um professor e explique tudo. Só porque é o seu trabalho, isso não quer dizer que você é uma autoridade sobre o assunto.

- ☞ Não fique na frente do público. Fique atrás, ande pelo público, sente-se no meio. Isso muda as coisas.

- Faça o público ficar de pé. Se eles estão sentados, eles relaxam. Isso não é bom. Eles precisam estar alertas. De pé, você se torna mais consciente do seu desconforto e mantém tudo mais curto e direto ao ponto.

(Uma vez escolhi dar uma palestra em um estacionamento. Desenhei imagens em enormes folhas de papel com uma caneta grossa e gritava para o público, que estava inclinado nas janelas do segundo andar. Eles estavam desconfortáveis. Eu estava desconfortável. Esse era o ponto. Me forçou a reduzir tudo ao essencial.)

- Escolha aleatoriamente integrantes do público para falar sobre os slides. Eles sempre têm uma perspectiva inusitada. Uma vez eu pedi para a plateia dar a palestra em meu lugar; eu aprendi muito mais.

- O formato começo, meio e fim mata. A maior parte dos softwares tem uma opção que mistura suas imagens aleatoriamente. Se ninguém souber o que acontecerá – nem você –, a experiência será mais animada para todos.

- Nunca leia anotações. Se você não consegue se lembrar de algo, é porque não vale a pena ser dito. E pare de falar antes que o público pare de ouvir.

- Se você se sentir nervoso ou incomodado, reconforte-se com o fato de que ninguém vai se lembrar da sua fala de qualquer forma, no máximo das imagens.

Uma vez dei uma palestra em um teatro cheio de empreendedores e homens de negócio. Minha fala era sobre como nós nos distraímos facilmente e precisamos ser mais alertas e focados. Eu contratei vinte modelos nus, homens e mulheres, para andar entre o público enquanto eu falava. Eu achei que o público ia ficar distraído. Eu os subestimei – eles eram indivíduos inteligentes e atentos e ouviram com cuidado cada palavra, como descobri na sessão de perguntas e respostas ao final. Não importava. A palestra foi inesquecível.

Se você quer um público comprometido, é essencial que você mesmo se comprometa. Só dê uma palestra sobre assuntos com os quais você se importa intensamente. Como parte do meu trabalho em universidades eu ouvi palestras sobre temas que não me interessavam nem um pouco, mas, se o palestrante estava intensamente interessado, eu percebia que eu também acabava absorto.

"A atração do público pelo virtuoso é semelhante à da multidão pelo circo. Sempre há a esperança de que algo perigoso aconteça."
Claude Debussy

Concorda? *Siga em frente contra a tirania dos especialistas, na página 14.*
Discorda? *Veja por que a nudez só ajuda realmente a falar em público quando levada a extremos, na página 216.*

seja teimoso, não ceda

A luta incrível de Paulo Coelho é um exemplo extraordinário de pura determinação. Quando ele era adolescente, queria intensamente se tornar escritor, mas seus pais consideravam isso loucura. Eles queriam que ele se tornasse um advogado, uma profissão segura e respeitável. Para "salvá-lo" de suas ambições literárias, seus pais o internaram três vezes em um hospício. Ele foi submetido a tratamento de choque. Ele se recusou a ceder. Ele sabia instintivamente que tinha que se tornar escritor e se tornou um autor com uma visão ímpar. Seu livro *O alquimista* foi traduzido para oitenta idiomas, vendeu 65 milhões de exemplares em todo o mundo e deu a Coelho uma segurança financeira duradoura e inequívoca.

Pensadores criativos reconhecem que ceder e seguir o caminho sensato e seguro seria um desastre. Quando Todd McFarlane trabalhava como ilustrador para a Marvel Comics, os executivos diziam para ele baixar um pouco o tom porque seu trabalho era muito macabro para os leitores da Marvel. McFarlane pediu demissão. Ele desistiu da segurança de uma carreira estável e começou sua própria empresa. Seus empreendimentos altamente bem-sucedidos vão de publicações à produção de brinquedos, passando por um estúdio de cinema e de animação. Como um artista nos negócios,

McFarlane manteve-se fiel à sua visão artística sem se importar com o que isso lhe custaria em termos de negócio.

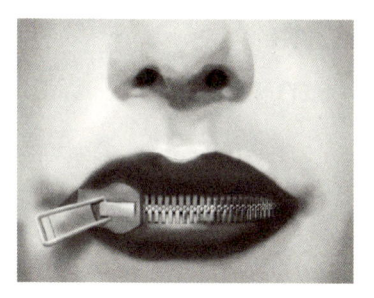

Nós todos sofremos pressão de nossos patrões, parentes e amigos para ceder, mas fazer algo único, algo extraordinário, quase sempre requer que você se negue a comprometer seus ideais. Você não tem nenhuma obrigação de seguir as expectativas dos outros, mas você é responsável por seguir as suas próprias.

"Seu tempo é limitado; então não o jogue fora vivendo a vida de outra pessoa. Não seja aprisionado pelo dogma – que é viver com os resultados dos pensamentos de outras pessoas. Não deixe o ruído da opinião alheia afogar a sua própria voz interior."

Steve Jobs

Conheça outros escritores que se recusaram a desistir, na página 247.

seja uma arma
de criação em massa

Você tem uma grande dívida com o economista Paul Samuelson. Em 2008, quando a economia internacional desceu na pior queda desde a Grande Depressão, os países industrializados evitaram o desastre ao seguir o conselho contraintuitivo de Samuelson e aumentaram os gastos nos projetos de infraestrutura, cortaram impostos, permitiram que importações entrassem e fizeram as taxas de juros chegarem perto de zero. Contraste isso com a Grande Depressão dos anos 1930, quando os governos transformaram uma crise em um desastre ao cortar gastos, equilibrar orçamentos e erguer barreiras de comércio.

Quando John F. Kennedy foi eleito presidente dos Estados Unidos em 1960, ele indicou Samuelson como seu conselheiro econômico, mas ficou chocado com suas recomendações. A economia estava encarando um declínio e ele falou para Kennedy cortar os impostos. Foi contraintuitivo e parecia ser o oposto do que a campanha de Kennedy para a eleição prometia sobre equilibrar os orçamentos. Depois do assassinato de Kennedy, seu sucessor, Lyndon B. Johnson, seguiu o plano, e a economia recuperou-se. Samuelson continuou como conselheiro dos presidentes seguintes.

Ainda mais chocante foi que muitas das teorias econômicas de Samuelson foram inspiradas em conceitos de medicina ou física. Por décadas ele lia relatórios médicos em busca de ideias que poderiam ser transferidas para a economia, como a dinâmica mendeliana. Ele também aplicou princípios de equilíbrio da termodinâmica para a economia. Ele teve um impacto tão grande porque aplicava o pensamento criativo à economia, quando todo mundo estava aplicando lógica.

Quando era estudante, nos anos 1930, Samuelson assistiu a uma palestra sobre economia na Universidade de Chicago. Foi uma revelação; ele percebeu ali mesmo que queria ser um economista. O que ele trouxe ao indigesto mundo de gráficos de circulação, estimativas de crescimento e debates sobre oferta e procura foi uma mente criativa. A descoberta de seu chamado o tornou mais vivo, mais vibrante e mais autêntico – e essas espontaneidade e inventividade foram o que o tornaram tão distinto. Ele se divertia com ideias em vez de tentar escrever Relatórios Muito Sérios e ser levado Muito a Sério. Seus livros eram às vezes tão divertidos que eles chegavam à infantilidade inspirada. Em uma nota de rodapé de um documento influente, "Overlapping Generations Model", ele escreveu: "Certamente, nenhuma frase que começa com a palavra 'certamente' pode conter validamente um ponto de interrogação ao final? Contudo, um paradoxo é o suficiente para um artigo..."

Samuelson sentiu que a economia havia sido feita para ele, e ele havia sido feito para ela. "Nunca subestime a importância vital de encontrar cedo na vida o trabalho que para você é divertido", ele explicava. A chave para seu sucesso foi que ele introduziu ideias de seus outros interesses, em física e ciência, na economia. Isso fez a economia se tornar algo pessoal. Ele despejou brincando todos seus interesses na economia. "Eu sempre fui pago demais para fazer algo que era simplesmente divertido", dizia.

A economia não era conhecida como sendo uma iniciativa criativa; era uma disciplina dominada por um pensamento rançoso, abafado e repetitivo. Samuelson mudou tudo isso. Aplicar o pensamento criativo a um campo "não criativo" lhe dá vantagens de saída. Uma área que é considerada "não criativa", como administração, contabilidade, seguros, pesquisa clínica, pesquisa, finanças, bancos, ciência ou qualquer outra indústria "séria", é o lugar perfeito para injetar criatividade e quase sempre a área em que a criatividade é mais eficaz. A criatividade não existe só para o mundo da arte, da literatura e da música.

Como o homem de um olho só em terra de cegos, se você pensar criativamente onde ninguém mais está pensando assim, isso lhe dará vantagem.

"Se você deliberadamente planeja ser menos do que você é capaz de ser, então lhe aviso que você será profundamente infeliz pelo resto da sua vida. Você está evitando suas próprias capacidades, suas próprias possibilidades."

Abraham Maslow

Conheça um grande inventor que encontrou criatividade onde ele menos esperava, na página 190.

saque qual é a sua

Uma agência estava lutando para conseguir ideias para um comercial de TV e pediu minha ajuda. O público-alvo eram idosos. A agência de publicidade havia pesquisado extensivamente cada aspecto da vida dos idosos, mas significava pouco para os dois jovens que estavam trabalhando no anúncio. Eles estavam fora de seu assunto tentando olhar para dentro.

Eu os *tornei* o assunto. Eu levei os dois a um figurinista de teatro e os vesti com perucas cinza e dentes falsos. Suas caras envelheceram com moldes de látex e eles ganharam bengalas e roupas apropriadas. Eles foram transformados em autênticos velhos de oitenta anos. A transformação foi bem chocante.

Eu simplesmente pedi para que eles andassem pelas ruas e lojas de Londres. Eles ficaram impressionados com a mudança de atitude em relação a eles. Na melhor das hipóteses, as pessoas eram condescendentes; era muito mais comum serem desconsiderados ou grossos. Um grande choque. Foi uma experiência pesada para eles. De repente eles entenderam como era se sentir idoso. Esta experiência lhes deu sua ideia para o anúncio.

Tendemos a ficar de fora do que fazemos, olhando para dentro. Desconectados e analíticos. Há uma distância entre o que fazemos e nós. Para conseguir o melhor de sua vida e do trabalho, você precisa ver de dentro. Imagine que você seja o tema do seu projeto. Se o seu projeto é uma xícara, imagine como é ser uma xícara, ser pegada, ter água quente despejada sobre si, sentir o cheiro do café, ir para uma máquina de lavar louça, ser arranhada ou trincada. Seja o assunto de dentro para fora.

"É preciso imergir-se nos arredores e estudar intensamente a natureza de um assunto para que entendamos como recriá-lo."
Paul Cézanne

Procurando por uma nova perspectiva? Tente ensinar uma lição para alguém, na página 271.

corte

O filme épico de guerra *Apocalypse Now* é frequentemente eleito como um dos melhores filmes de todos os tempos. As filmagens começaram em março de 1976 e estavam programadas para durar seis semanas. Levaram dezesseis meses. O diretor, Francis Ford Coppola, filmou cerca de 230 horas de material, com múltiplas tomadas da mesma cena. Ele estava esperando capturar uma performance mágica ou incomum. Ele encorajava os atores a improvisar, o que produziu alguns momentos poéticos, mas também horas de cenas inutilizáveis. Quando a filmagem terminou, ele teve que passar meses cortando e editando. Coppola e seu editor Walter Murch levaram quase três anos para editar o material e chegar ao *Apocalypse Now* finalizado.

Por que produzir muito trabalho e depois jogar fora 95%? Os dois processos parecem contraditórios. Por que não produzir apenas os 5% que serão utilizados ao final? Porque você não sabe quais 5% usará. Editar pode ser difícil porque você está descartando coisas nas quais colocou muita energia. Mesmo assim, na maioria das vezes, o que vemos do trabalho de pensadores criativos é apenas a ponta do iceberg. Não vemos as horas, os dias, as semanas e os meses de trabalho duro e as dificuldades; só vemos o resultado final.

Picasso teria entendido Coppola. Um amigo meu é especialista em restauração de pinturas e conserva quadros de Rembrandt, Ticiano, Matisse e muitos outros grandes artistas para os maiores museus do mundo. Para um trabalho, ele foi para Paris duas vezes por ano com sua equipe de assistentes e foi levado a um vasto cofre subterrâneo sob um banco. As paredes reforçadas e à prova de bombas tinham um metro de espessura. As portas do cofre com dois metros de espessura só poderiam ser abertas através de um sistema elaborado de reconhecimento de voz e chaves que tinham quase um metro. Era preciso que dois integrantes da equipe do banco cooperassem para abrir o segredo simultaneamente. Havia detectores de calor corporal, radares Doppler, detectores de movimento e de campos magnéticos. Finalmente eles chegavam a um vasto cofre de temperatura controlada que se estendia até onde os olhos podiam ver. Em suas duas laterais havia estantes alinhadas contendo dezenas de milhares de pinturas de Picasso nunca antes vistas. A tarefa do meu amigo era inspecionar o envelhecimento das pinturas e fazer quaisquer reparos ou restaurações necessários. Apesar de Picasso ter produzido milhares de pinturas em sua vida, ele escolheu apenas os melhores 5% para exibição. Ele cortou as opções mais fracas.

Se você produz cem ideias, é provável que uma delas seja ótima. Se você produz cinco ideias, as chances de uma ser ótima são menores. Quando uma empresa me chama para trabalhar como consultor criativo em um projeto, em vez de chegar com uma ideia, eu chego com cem. As primeiras quarenta ideias são óbvias. As próximas quarenta são incomuns e estranhas. As últimas vinte são estranhas e surreais, porque estão levando suas mentes para onde nunca foram antes. Normalmente eu uso uma das últimas vinte ideias. Noventa e nove são cortadas. Se você se envolver com uma tarefa no trabalho, venha com cem ideias e então escolha a melhor. Exige mais esforço, mais energia e mais discernimento, mas lhe dá mais opções. Você enriquece ao se gastar.

"Mate seus queridos, mate seus queridos, mesmo quando partir seu pequeno coração egocêntrico escrevinhador, mate seus queridos."
Stephen King

Não consegue cortar seus esforços criativos? *Tente então retrabalhá-los, na página 205.*

envelheça sem crescer

Desenvolver a habilidade de entender a si mesmo, o mundo em que se vive e seu campo de especialidade leva anos. A arquiteta Zaha Hadid não foi internacionalmente respeitada por seus projetos únicos nem ganhou prêmios até depois dos 50 anos. Paul Cézanne fez sua primeira exposição individual aos 56 anos. Alfred Hitchcock não desenvolveu completamente sua marca registrada de suspense até depois dos 50 anos. Jane Austen publicou seu primeiro romance depois dos 35. A primeira obra de Joseph Conrad foi publicada quando ele tinha 37. Charles Darwin tinha 50 anos quando propôs a teoria da evolução em *A origem das espécies*, que esgotou no primeiro dia de lançamento.

A artista Georgia O'Keeffe produziu imagens formidáveis de paisagens e naturezas-mortas americanas, pintadas com forte e íntima precisão. Ela já tinha seus 50 anos quando começou a chamar a atenção, e sua fama cresceu gradualmente nas duas décadas seguintes. Sua exposição mais importante, no Whitney Museum of American Art, só aconteceu em 1970, quando ela já estava com seus 80 anos. Ela estabeleceu-se como uma das pintoras norte-americanas mais significativas. Ela não envelheceu mentalmente porque seu entusiasmo nunca diminuiu. Aos 84, O'Keeffe foi rejuvenescida por um ceramista de 26, Juan Hamilton. Os dois chocaram a vizinhança da pequena cidade de Abiquiu, no Novo México, com seu envolvimento. Eles ignoraram as fofocas, viajaram o mundo inteiro juntos e revigoraram um ao outro. Eles ficaram juntos até que O'Keeffe morresse, aos 98 anos.

Muitos empreendedores, chefs, professores, escritores e artistas produzem seus melhores trabalhos à medida que seus discernimentos e percepções aprofundam-se com a idade. A maturidade é uma vantagem quando falamos de criatividade. Quanto mais experiência de vida você tem, mais material para assunto você consegue extrair. A idade traz um entendimento sobre quem você é e quais são seus limites. Criatividade é ter algo para dizer.

Pessoas criativas não podem se recusar a envelhecer, mas podem se recusar a crescer. Elas mantêm sua atitude brincalhona de criança a vida inteira. Elas entendem que algumas coisas são sérias demais para que sejam levadas a sério. Nunca perdem a vontade de atirar uma bola de neve em um homem de negócios. Toda criatividade coloca a mente acima da matéria. A matéria pode ser tinta, nanquim, papel ou quase qualquer outra coisa. A matéria não importa, porque está tudo na mente.

"Minha descoberta veio muito tarde na vida... Mas naquela época eu senti que tinha força para novos feitos e ideias."
Edvard Munch

Inspirado? Seja maduro o suficiente para ser infantil, na página 96.

se não estiver quebrado, quebre

Sou bem amigo da Vênus de Milo. Eu a vejo toda semana. Uma reprodução dela fica no hall do Central Saint Martins College of Art, onde leciono. Minha fascinação por ela nunca diminui. Para conseguir ver a Vênus original no Louvre você tem que se embrenhar através da multidão. Provas maiores de sua popularidade estão em como ela aparece estampada em canecas, calcinhas e porta-copos e reproduzida como sabão, saleiro e brinquedos de borracha que guincham. Ela também inspirou artistas como Cézanne, Dalí e Magritte. Quando a estátua foi mandada por empréstimo ao Japão em 1964, um milhão e meio de pessoas passaram por ela em uma esteira rolante.

A Vênus de Milo é cheia de falhas, ainda que ela seja o emblema quintessencial da beleza clássica. A graciosa estátua de uma deusa misteriosa e sem nome intriga e fascina o mundo desde sua descoberta em 1820, quando alcançou fama instantânea. É uma clássica escultura que segue uma composição espiral dinâmica incomum. A Vênus não existe em nosso mundo e sim em uma zona misteriosa e etérea. Sua delicada carne foi requintadamente modelada. Serena e distante, sua cabeça vira levemente a distância. Com um ar de indiferença, seu olhar nunca encontra nossos olhos.

Existem muitas estátuas antigas de Vênus, mas a maioria está muito danificada para competir com a *Vênus de Milo*, e as restantes não estão danificadas o suficiente. A estátua devia ser pintada e adornada com joias para parecer viva. Todos os traços da pintura original desapareceram e os únicos sinais das pulseiras, colar, brincos e coroa que ela usava são os buracos de fixação. Como se sabe, seus braços se perderam. Quebrada e mutilada, ela permanece; ninguém sabe qual era sua pose original. Ela podia estar segurando uma maçã, um escudo ou um espelho em que ela admirava seu próprio reflexo. Nunca saberemos. Isso só aumenta seu encanto e fascínio. Essa é a beleza da imperfeição. É mais esclarecido apreciar imperfeições; se você procura por perfeição, estará sempre frustrado. Há uma sensação de liberdade ao aceitar a alternativa.

A rede de cafés Starbucks abraçou a imperfeição. Eles apresentam novos conceitos rapidamente. Não importa se é um macchiato gelado com caramelo ou um novo projeto de loja. Esses conceitos foram lançados antes de serem aperfeiçoados e então evoluíram com o tempo. Um processo de inovação que tenta atingir algo irretocável é muito lento e restrito. A inovação precisa de erros e falhas porque são eles que dão origens a novas ideias. O enigma para empresas é como alimentar cultura inovadora, com toda a bagunça e as falhas que vêm com ela, quando os "perfeccionistas" das empresas trabalham rejeitando imperfeições.

Vale a pena buscar a perfeição? Há épocas em que estamos sob pressão para que sejamos impecáveis. Perfeccionismo pode ser um obstáculo para novas ideias; é um ponto final, enquanto a imperfeição pode levar a lugares inesperados. Padrões elevados são válidos, mas o perfeccionismo é outra coisa. Padrões elevados buscam que algo seja tão bom quanto pode ser. A perfeição busca que algo não tenha erros e falhas.

Quando minha filha Scarlet estava na escola, ela teve que fazer um autorretrato para uma avaliação de artes. Ela se sentiu desconfortável e então se desenhou através de vidro fosco. Ele obscurecia os detalhes de suas feições, mas criava uma imagem misteriosa, embaçada e intrigante. Ela estava preocupada com a resposta a um autorretrato que não mostrava claramente o rosto. Seus professores amaram, bem como a Saatchi Gallery em Londres, que depois o incluiu em uma exposição.

Lute pela imperfeição. Deixe passar o prazo de entrega, perca-se no aeroporto, esqueça-se de responder e-mails e apareça em festas um dia antes. É mais interessante. Se está quebrado, não conserte; se não está quebrado, quebre.

"A essência de ser humano é não buscar a perfeição."
George Orwell

Concorda? *Planeje mais acidentes, na página 117.*
Discorda? *Descubra os méritos da perseverança e do perfeccionismo através de um dos grandes inventores da história, no próximo capítulo.*

se anime

Conheço muitos artistas, escritores e músicos talentosos em meu trabalho, tanto no Central Saint Martins como no mundo da arte. Muitos conseguem ser bem-sucedidos, mas muitos outros não conseguem. O que distingue os bem-sucedidos dos malsucedidos é a forma como eles lidam com as inevitáveis decepções e dificuldades que surgem. Os psicólogos chamam isso de princípio 90-10. Dez por centro da vida é o que acontece com você, e 90% é decidido pela forma como você reage ao que acontece com você. Nós não temos controle sobre os 10% do que acontece conosco – ventos fortes arrancam o telhado, seu trem atrasa ou um meteoro acerta seu carro. Os 90% são diferentes. Você é quem os determina.

James Dyson é um exemplo formidável deste traço positivo. Ele passou os cinco anos depois de ter a ideia do primeiro aspirador de pó ciclônico trabalhando no design, na fabricação e nos testes de mais de cinco mil protótipos. Isso quer dizer que ele teve que se recuperar de 4.999 fracassos. Um feito impressionante. Ele também tinha que financiar tudo por conta própria.

Quando Dyson finalmente produziu um modelo satisfatório, tentou vendê-lo para fabricantes de aspiradores tradicionais, com saco de pó, mas todos rejeitaram seu dispositivo sem saco. Finalmente, ele vendeu sua ideia a uma empresa do Japão, onde se tornou um sucesso comercial e ganhou um prêmio de design. Dyson abriu uma fábrica e em dois anos seu modelo Dual Cyclone tornou-se o aspirador de pó mais vendido no Reino Unido e se espalhou pelo mundo. Os aparelhos práticos e elegantes de Dyson ganharam vários prêmios de design e foram expostos em museus de arte e design em todo o mundo.

A principal diferença das pessoas criativas bem-sucedidas é sua reação a eventos negativos. Você não pode controlar a queda de um meteoro em seu carro, mas você pode controlar sua reação àquilo. Quando as coisas dão errado, todo mundo sente frustração, raiva e decepção. Algumas pessoas caem em uma espiral de negatividade e abandonam seus projetos. O pensador criativo consegue deixar de lado suas chateações e adotar uma atitude positiva – e, portanto, atingir um resultado positivo. Eu estava esperando um trem com meu filho Louis quando as caixas de som da estação anunciaram que ele atrasaria uma hora. Os outros passageiros começaram a reclamar e gritaram com raiva em direção à equipe da ferrovia. Para eles, a próxima hora era perda de tempo. Para Louis, era uma oportunidade. Ele sacou seu caderno de rascunhos e começou a desenhar os passageiros nervosos. Ele ficou triste quando o trem chegou. Sua reação funcionou para mim como um lembrete de que não há "perda de tempo": nós sempre devemos estar fazendo algo, como escrever, desenhar ou apenas pensar.

O que aprendemos com os pensadores criativos é que eles controlam seus sentimentos negativos e os canalizam em algo útil. Todo mundo se irrita e se frustra quando as coisas dão errado, mas os criativos se recuperam rapidamente e tentam mais uma vez. Seu desejo de produzir algo excelente ultrapassa seu fracasso momentâneo. Atitude é mais importante que habilidade.

"As pessoas que são loucas o suficiente para achar que podem mudar o mundo são as que o mudam."
Comercial da Apple em 1997

Conheça Ted Turner, o empreendedor que fazia mesmo as coisas acontecerem, na página 234.

desafie o que desafia

Quando o grande inventor Thomas Edison contratou o brilhante jovem engenheiro Nikola Tesla para trabalhar em seu escritório em Nova York em 1884, ele ganhou mais do que esperava. Tesla foi recomendado porque era considerado um gênio comparável a Edison. Tesla criou alguns produtos para Edison, mas não recebeu o bônus que lhe foi prometido (US$ 1 milhão em dinheiro de hoje em dia) e então foi embora.

O uso que Edison fazia da corrente contínua (DC, na sigla em inglês) para levar eletricidade para os consumidores era um monopólio. Tesla inventou um novo método ao usar corrente alternada (AC, na sigla em inglês). Diferente da DC, ela podia transmitir enormes quantidades de energia por longas distâncias. Edison condenou a AC de Tesla como sendo perigosa, devido à sua alta voltagem, e demonstrou isso ao eletrocutar em público um elefante em Nova York, em agosto de 1890. A matança tosca e horrível precisou de duas tentativas. Isso não fez com que investidores parassem de bancar a tecnologia AC de Tesla e, finalmente, Tesla venceu. A rivalidade azeda fruiu.

Ter um rival pode ser útil, enquanto eles nos conduzem aos limites de nossas habilidades. Thomas Edison estava em confronto com Nikola Tesla, Bill Gates com Steve Jobs, e Constable com Turner. Todos se beneficiaram de suas rivalidades, um forçando o outro a fazer coisas ainda maiores. Nos tempos difíceis em que eles lutavam por motivação, eram provocados pelos feitos do outro. A competição pode ajudar qualquer um a atingir maiores alturas. Ela cria intensidade e paixão e faz você trabalhar mais e melhor. Se há alguém em seu escritório, fábrica ou local de trabalho que constantemente tenta ser melhor que você, aceite o desafio.

Durante os anos 1920, os irmãos Adolf e Rudolf criaram a Dassler Brothers Sports Shoe Company, um negócio que funcionava na lavanderia de sua mãe, em Herzogenaurach, na Alemanha. Em 1948, eles haviam se dividido em duas empresas separadas, com fábricas concorrentes em pontos opostos da cidade. Sua determinação mútua para produzir o melhor tênis os levou a se tornarem líderes mundiais em suas áreas: a empresa de Adolf era a Adidas, a de Rudolf, a Puma. Herzogenaurach se tornou conhecida como "a cidade dos pescoços tortos" porque seus habitantes estavam constantemente checando quais das duas marcas seus vizinhos estavam usando.

Como os Dassler, ajuda se o seu rival estiver quase no mesmo nível que você, nem muito acima nem muito abaixo, porque você deve ter uma chance realista de ultrapassá-lo. Em 2012, a Apple foi considerada a maior empresa do mundo. No entanto, Steve Jobs não havia começado para se tornar maior do que as maiores empresas da época, Coca-Cola e Nike; a sua rivalidade era com Bill Gates. Tinham a mesma idade, começaram suas empresas ao mesmo tempo em condições humildes parecidas e estavam no mesmo nível. Os frutos dessa rivalidade foram o Microsoft Windows, que se tornou o sistema operacional padrão do mundo, e o iPhone, iPad e iPod da Apple. "E todas as fantasias que tínhamos em relação a criar produtos e a aprender novas coisas nós as atingimos todas. E a maior parte das vezes como rivais", disse Bill Gates. Em 1997, a Apple estava perdida financeiramente. Seu improvável salvador? A Microsoft, que entrou para salvá-los investindo US$ 150 milhões em ações da Apple. Por que Gates salvou a Apple? Talvez Gates houvesse percebido que ele precisava da rivalidade de Jobs. Eles tinham respeito mútuo e se tornaram amigos nos anos antes de Jobs morrer. Depois de brigar entre si por muito tempo, eles sabiam mais do que qualquer um o que haviam conseguido.

Apesar da rivalidade energizar e motivar pessoas criativas, é importante que ela não as tire de suas próprias forças e de seu próprio rumo. Jobs manteve-se fiel às suas forças de design e Gates era leal a suas forças técnicas. A rivalidade entre os pintores ingleses Constable e Turner fez com que ambos atingissem o melhor que conseguiam ao mesmo campo, mas com abordagens contrastantes. Os dois pintores eram personagens diferentes. Constable era refinado e convencional, Turner era imoral e vulgar. Constable era tímido e sensível, Turner era assertivo e amigável. Turner era baixo e instintivo, Constable era alto e reflexivo. Qual dos dois é o maior artista é discutível, mas ambos atingiram o ápice de seus feitos tentando deixar o outro para trás.

Um famoso exemplo de sua rivalidade aconteceu quando eles expuseram pinturas lado a lado na Royal Academy, em 1832. John Constable exibiu uma pintura colorida que lhe havia tomado quinze anos para ser pintada ao lado de uma paisagem marítima acinzentada de Turner que havia levado algumas horas. Antes da mostra abrir para o público, no dia da vernissage, os artistas poderiam acrescentar toques finais aos seus trabalhos. Turner percebeu que sua serena paisagem marítima parecia desbotada em comparação com a de Constable. Ele tirou suas tintas e acrescentou uma pequena bolinha vermelha na água, uma boia, e saiu sem dizer uma palavra. A pincelada ágil e rápida de Turner deixou a obra completa. A pintura de Constable parecia exagerada em comparação. Era a forma de Turner dizer que "menos é mais". Constable estava em outra galeria quando o retoque aconteceu e, quando ele voltou para vê-lo, engasgou: "Turner esteve aqui e deu um tiro." Dali em diante, Constable dava antes sua retaliação; ele quase sempre colocava uma pequena figura de casaco vermelho no primeiro plano de suas paisagens.

A psicologia nos diz que a rivalidade tem o potencial tanto de ajudar quanto de travar o sucesso – tudo depende de como nós lidamos com a competição. Os benefícios da competitividade foram demonstrados por psicólogos em um estudo liderado por Tim Rees na University of Exeter. Eles recrutaram estudantes para uma competição de dardos com os olhos vendados, e um pesquisador vestido como torcedor de uma universidade rival tentava desmotivá-los criticando suas performances. As performances seguintes dos estudantes eram melhores porque eles estavam motivados em mostrar que seu rival estava errado.

Não importa qual seja a sua área, adote a competição: ela pode fazer você lutar melhor, ir além. É bem provável que você já tenha pelo menos um rival. Monitore seus feitos com admiração e um toque de inveja.

"Eu não vou entrar em um ringue com o Tolstoi."
Ernest Hemingway

Você se sente mais colaborativo do que competitivo? *Conheça os cientistas sem os quais você provavelmente nem estaria vivo, na página 252.*

descubra como descobrir

Eu me lembro vividamente de andar pela Quinta Avenida em Nova York durante minha primeira viagem para lá, passando quarteirão atrás de quarteirão de prédios de apartamentos retangulares e decorados, opressivos em sua uniformidade, monótonos em sua regularidade. E então o branco brilhante do Museu Solomon R. Guggenheim irrompeu à vista, uma sinfonia de ovais, arcos e círculos de tirar o fôlego.

O museu não parecia com nenhum outro prédio que eu já havia visto antes. Isso aconteceu porque o arquiteto Frank Lloyd Wright era um autodidata. Ele teve que descobrir por conta própria como projetar um prédio. Wright descobriu sua própria forma. Ignorância em relação à forma "correta" de fazer algo pode ser uma vantagem; se você faz as coisas da forma como foram ensinadas, seus métodos serão os mesmos de todos os outros e você produzirá algo óbvio, previsível. Os prédios comuns foram desenhados por arquitetos que foram ensinados da forma comum. Se você inventar seu próprio método, é provável que seja um *novo* método que pode produzir novos resultados. A falta de conhecimento pode proporcionar novas perspectivas.

O Guggenheim é impressionante tanto por dentro quanto por fora. Uma rampa espiral sobe por todo o prédio até uma claraboia abobadada. É um conceito único que delicia os visitantes e provê uma forma original de dispor arte contemporânea. O círculo é a forma que ecoa através do prédio, da rotunda aos pisos de marmorite. Ao descartar os formatos de caixas estáticas dos museus convencionais e substituí-lo com a flexibilidade deste prédio, Wright produziu um edifício que é tão inovador agora quanto era em 1959, quando foi inaugurado. Todo grande museu está em dívida com o Guggenheim; ele tornou aceitável para um arquiteto desenhar um museu expressivo e intensamente pessoal.

Frank Lloyd Wright frequentou a Madison High School, mas não se formou. Entrou na universidade, mas saiu sem terminar a graduação. Foi contratado como projetista por uma empresa de arquitetura e aprendeu arquitetura sozinho. Desenhou muitas casas com abordagem radical ao usar materiais produzidos em massa desenvolvidos para prédios comerciais. Wright rejeitava a elaborada compartimentação da época e criou paredes fortes e simples, salas familiares espaçosas e grandes áreas envidraçadas. Suas deficiências técnicas significavam que ele quase sempre fazia vista grossa para as praticidades mundanas e por isso seus tetos vazavam, ele ignorava orçamentos e seus prédios eram tomados por vários problemas técnicos, mas seus clientes gostavam de saber que teriam um clássico do design.

Wright rompeu com as regras de forma consistente. Não por rebeldia – ele simplesmente não havia sido ensinado. Produzia obras que pareciam certas para ele. Às vezes, saber o "jeito certo" pode ser uma desvantagem.

John Harrison não foi contido pelo "jeito certo". Em 1730, ele inventou o cronômetro marinho, um relógio com um mecanismo especial que permitia precisão mesmo em um navio em uma tempestade. Isso resolveu o problema de determinar de forma precisa as longitudes no mar, o que havia custado as vidas de incontáveis marinheiros pelos séculos.

Harrison era completamente autodidata e não tinha nenhuma formação em fazer relógios. Sua biografia nota que "(...) se Harrison tivesse sido um aprendiz da forma habitual, aprendendo de um mestre, ele talvez também não tivesse imaginado [tal relógio]; ele teria aprendido o que quer que o mestre lhe ensinasse, teria feito o que havia aprendido e feito bem e ganhado bem a vida com isso – sem risco, sem o perigo do fracasso."

A alternativa ao treino não é não treinar, mas equipar estudantes com os processos de pensamento que lhes permitam pensar por conta própria. Nossa cultura precisa de mais mentes não treinadas. Uma posição aparentemente estranha para se estar se, como eu, você leciona em uma universidade. Você encoraja os alunos a não ouvi-lo e sim ouvir a si mesmos para ter confiança de pensar de forma não convencional.

Escolas e universidades ensinam técnicas que já foram testadas e aprovadas. As escolas seguem um modelo bancário de aprendizado e veem o conhecimento como uma moeda a ser acumulada e trancafiada. Estudantes entram nas escolas como pontos de interrogação e saem como pontos finais. Todo mundo nasce com mais habilidades do que pode perceber. A maior parte da população nasce como gênio e deixa de ser assim por causa da educação e das convenções.

Não aprendemos a andar lendo um livro que nos ensina a andar. Nós aprendemos andando, caindo, levantando e tentando de novo. Não há a forma correta de se fazer nada. Então você deve descobrir o seu jeito. Não importa onde você trabalha, tente descobrir por conta própria como fazer as coisas.

"Se eu tivesse seguido as regras, não teria chegado a lugar algum."

Marilyn Monroe

Descubra a alegria de duvidar de tudo e de todos, na página 47.

cause um efeito

Os nomes dos ex-alunos mortos na Segunda Guerra Mundial estavam gravados em uma placa na universidade de Yale. Uma estudante de escultura, Maya Lin, não resistia a passar seus dedos por eles sempre que passava por ali. Sentir os sulcos dos nomes dava a ela uma sensação de conexão profunda com os soldados mortos. Foi algo que ela nunca esqueceu.

Lin lembrou-se daquela sensação quando estava desenhando o inovador Vietnam Veterans Memorial em Washington, capital dos EUA, uma comprida parede de pedra negra com os nomes de todos os soldados gravados nela. Não há patentes ou detalhes; todos são iguais. São quase sessenta mil nomes e a maioria deles morreu jovem. A pedra foi escolhida por sua qualidade espelhada; quando um visitante olha para a parede, seu reflexo pode ser visto simultaneamente com os nomes gravados, o que une simbolicamente o passado e o presente. A maioria dos memoriais são esculturas remotas e intocáveis de soldados em bronze, mas por décadas milhões de visitantes percorreram seus dedos sobre os nomes gravados no memorial do Vietnã. Lin simplesmente replicou o que a havia inspirado na placa da Yale University, mas em larga escala. Mesmo que você não conheça ninguém que morreu no Vietnã, é dolorosa a visão mordaz de visitantes estudando com seriedade os nomes para encontrar os de seus amados ou esfregando lápis sobre papéis segurados contra um nome gravado na parede.

Chamar atenção para algo que emociona, excita ou estimula é quase sempre o suficiente. Faça o máximo daquilo que você já viu ou experimentou. Se te fascina, é provável que fascine outros. A criatividade pode ser tão simples quanto apontar algo incrível que ninguém mais notou. Anote tudo que o impressiona, não importa quão pequeno. Você nunca saberá quando poderá usá-lo. Se lhe causou um efeito, causará um efeito nos outros.

"Arte não é o que você vê, mas o que você faz os outros verem."

Edgar Degas

Inspirado? *Junte-se a Truman Capote na recusa em ignorar o que foi ignorado, na página 138.*
Sem inspiração? *Esqueça sobre causar um efeito nos outros e conheça a turma mais bem-sucedida da história, em que todos os alunos ganharam um Prêmio Nobel, na página 42.*

desenhe a diferença

Um pacote chegou e eu o abri com expectativa. Dentro havia algo inusitado. Um objeto liso, de uns trinta e cinco centímetros, no formato de um ovo. A concha branca e azul-celeste era translúcida como gelo polido, mas mais dura do que um vidro à prova de balas. A combinação de cores era nova e estranhamente alienígena. Sua natureza vítrea me permitia ter uma visão embaçada de suas entranhas. A suavidade, a ausência de juntas ou fendas e sua mágica leveza faziam parecer como se não pudesse ter sido criado em uma fábrica e sim graças à alquimia. Parecia um objeto de um outro universo, uma maravilha visual que você precisava tocar para acreditar que era real. Era transcendental, criado por uma cultura alienígena muito mais tecnologicamente avançada que quaisquer outras encontradas anteriormente.

Eles me enviaram um novo iMac G3. Na década de 1990, parecia de outro mundo. Como várias outras pessoas, comecei a imaginar que mágico o havia criado e que poderes sobrenaturais teria usado.

Steve Jobs usou seu pequeno conhecimento de design para fazer uma grande diferença. Os produtos da Apple ficaram conhecidos por seu estilo. Enquanto seus concorrentes se concentravam nos aspectos técnicos dos computadores, Jobs focava a estética. Até o iMac, os computadores eram feios e caretas. O que o fez pensar de forma tão diferente?

Jobs só frequentava as aulas de que gostava na universidade, aquelas que o interessavam. Ele viu um belo cartaz anunciando uma aula de caligrafia. Aquilo chamou tanto sua atenção que ele se sentiu obrigado a comparecer. Ele aprendeu que cada fonte tinha uma personalidade única. Há tanto significado transportado pelo desenho da fonte quanto nas palavras. A tipografia era funcional, mas também poderia ser sedutora. Ele a considerou artisticamente sutil de uma forma que a ciência não conseguia capturar.

Jobs colocou a Apple na interseção entre a arte e a computação; ele uniu tecnologia e design e introduziu a elegância e o estilo a um produto que até então era nerd e desajeitado. Porque Jobs participou daquele curso de caligrafia, o Mac tinha inúmeros tipos, fontes esteticamente espaçadas e ênfase em design. Isso colocou a Apple na dianteira em relação a seus rivais. O Windows copiou os valores de Jobs; desta forma, todos os computadores pessoais foram influenciados. A Apple não era uma inovadora tecnológica; ela recriava ideias de outras empresas. A IBM apresentou o primeiro computador pessoal; a Nokia inventou o smartphone. A Apple era inútil quando tentava inovar. Lembra-se do Newton? Do Power Mac G4 Cube? Nem você nem ninguém. "Fizemos tablets, muitos tablets, muito tempo antes da Apple fazer. Mas eles colocaram as peças juntas de uma forma que foi bem-sucedida", lembra Bill Gates. Como Jobs lembra: "Para você dormir bem de noite, a estética, a qualidade têm de ser levadas até o fim."

Empreendedores e pensadores criativos conseguem extrair o máximo de qualquer tipo de informação que eles tenham, por menor que seja. Eles constantemente vasculham todos os fatos que já reuniram e fazem até a menor peça ter utilidade. Armado com uma pequena quantidade de conhecimento, Jobs lutou contra o pensamento convencional da indústria de computação e venceu. Jobs demonstrou que para criar um bom design você quase sempre precisa do mínimo design possível. Uma pequena amostra de conhecimento que você ignora pode ser a chave para abrir portas que anteriormente estavam fechadas para você.

"Um designer sabe que ele atingiu a perfeição não quando não há nada mais para acrescentar e sim quando não há nada mais para tirar."

Antoine de Saint-Exupéry

Conheça o utensílio de cozinha com o melhor design – e menos funcional – do mundo, na página 38.

seja o mais incompetente possível

Eu sentei e assisti a um relógio por 24 horas, completamente encantado.

A instalação audiovisual do artista Christian Marclay, *The Clock*, é composta de uma montagem de 24 horas de milhares de cenas de filmes relacionadas ao tempo, editadas e sendo mostradas em "tempo real". Cada clipe contém o horário em um relógio ou em um diálogo em que as pessoas se referem ao tempo. Há cenas de relógios de sol de filmes em preto e branco, uma cena de *Sem destino* em que Peter Fonda olha para seu relógio (que mostra 11:40 da manhã) e então o joga fora, e a cena de "ai-de-ti, pobre Yorick!", do *Hamlet* de Laurence Olivier, quando um sino distante anuncia o quarto de hora. *The Clock* está sincronizado de tal forma que qualquer hora mostrada é o tempo correto no "mundo real". O filme é um relógio gigantesco e nem um pouco prático. O espectador é encorajado a pensar sobre a natureza do tempo no cinema e na vida. *The Clock* é uma obra-prima que continuará passando sem precisar que deem a corda, porque é movida por uma ideia poderosa. Marclay não tem muitas habilidades técnicas interessantes, porém seus conceitos são muito impressionantes. Nossas mentes se lembram de ideias poderosas mesmo muito tempo depois de terem esquecido técnicas impressionantes.

Pensamento criativo diz respeito a visão, consciência e expressão. Destreza é útil, mas não essencial. É importante evitar a armadilha de querer impressionar as pessoas com destreza e é fácil confundir isto com habilidade. Habilidade diz respeito à sua sensibilidade e ao seu conhecimento inatos. Destreza diz respeito a treino e repetição. O grande cantor de ópera que se força a praticar horas por dia está expressando seu amor pela música ou meramente explorando uma destreza? Gostar de música só pelo fato de gostar de música é recompensador. A mente criativa explora tudo que a fascina em vez de construir um exército de capacidades técnicas.

Tocar um negócio grande e bem-sucedido requer um alto nível de destreza para lidar com planilhas, gerenciamento de negócios, finanças e contabilidade. Ou não? Sir Richard Branson é um magnata inglês dos negócios, mais conhecido por ser o fundador do multimilionário Virgin Group, formado por mais de 400 empresas. Sua pouca destreza matemática foi uma vez exposta em uma reunião de conselho quando o diretor da Virgin percebeu que Branson não entendia a diferença entre lucro bruto e líquido. O diretor desenhou um mar, depois peixes em uma rede (lucro) e alguns peixes do lado de fora (volume de negócios). Branson entendia matemática quando ela era transformada em uma imagem visual. Ele ficou surpreso e decepcionado – ele achava que era o contrário – e percebeu que a Virgin não estava ganhando tanto dinheiro quanto ele achava. Saber a diferença entre bruto e líquido é uma destreza de negócios elementar e mesmo assim ele havia criado um império com 60 mil empregados. A falta de destreza matemática de Branson era uma vantagem – como ele não ficava preso aos detalhes financeiros, conseguia ver o todo. Ele tinha pessoas para fazer as contas. Branson pode não ter nenhuma destreza de negócios, mas tem uma habilidade para os negócios – um instinto visceral sobre o que o público quer e como levar aquilo para ele.

A ausência de destreza e perícia deteve um estudante de um de meus workshops de concretizar o sonho de sua vida, que era abrir um restaurante. Ele veio com uma ideia de um restaurante de entregas, um restaurante sem cozinha onde os clientes poderiam escolher cardápios de restaurantes de entrega e receber a comida em sua mesa. Um garçom os avisava sobre a qualidade e o tempo de entrega das diferentes refeições, fazia o pedido, recebia o pedido, retirava a embalagem, colocava a comida em um prato e a servia. Meu aluno não tinha nenhuma destreza ou experiência em relação a restaurantes, mas desta forma ele estava apto a abrir um. Finalmente ele e seus colegas reuniram recursos o suficiente para contratar um chef e equipamentos de cozinha e lentamente começaram a servir suas próprias receitas.

Quando alguém enfatiza a técnica em vez do conceito, é uma prova de que ele não tem mais ideias. Os verdadeiros criativos não buscam demonstrar destreza, mas têm um interesse sincero em entender e expressar ideias sobre seus temas. Aqueles com mentes mecânicas buscam a técnica perfeita ao perguntar "como?", mas aqueles com curiosidade buscam entender ao perguntar "por quê?".

"Às vezes a incompetência é útil. Ajuda você a ter a mente aberta."
Roberto Cavalli

Mais? *Seja um eterno iniciante, na página 14.*

seja maduro o
suficiente para ser infantil

Steve Jobs estava atônito. Como CEO da Apple, ele tinha dado à startup de design Hovey-Kelley sua grande chance, uma oportunidade que poderia ter estabelecido sua reputação. A Apple tinha uma reputação global por seu design elegante, mas eles lhe apresentaram algo que parecia ter sido produzido por um bando de crianças de cinco anos na escola. Pedaços de sucata, uma bola de desodorante roll-on, uma peça de geladeira, pedaços de câmbio de carro e um prato de supermercado, tudo seguro e amarrado com fita adesiva e elásticos.

David Kelley e seus colegas eram homens crescidos com um negócio para gerir, e eles passaram dias brincando como se fossem crianças. Brincaram com pedaços de objetos e materiais escolares. Eles se divertiram a valer, mas tinham que apresentar o resultado para Jobs, que era conhecido por ser exigente.

No início dos anos 1980, os projetos de produtos eram formalmente desenhados de forma detalhada e então fabricados a partir das especificações. Era um processo demorado e sofisticado. Muito adulto, muito sério. Kelley não queria trabalhar dessa forma. Era muito lenta e restrita. Ele queria experimentar com os materiais disponíveis e fazer um protótipo rápido. Era uma criação crua, mas visualizava rapidamente uma ideia.

Jobs entendeu instantaneamente o que aquela bagunça de peças significava. Era um novo e revolucionário mouse de computador, uma das tecnologias mais sofisticadas – ainda que acessíveis – já fabricadas. As versões anteriores do mouse só podiam mover-se para cima, para baixo e para os lados, e eram cheias de pequenas partes e detalhes, muito caras para serem produzidas. O princípio básico do protótipo de Kelley, que combinava uma bola que girava livremente (o desodorante roll-on) com um sistema optoeletrônico, foi usado por gerações de mouses. Bilhões foram fabricados. Graças a seu sucesso, Hovey-Kelley floresceu e se tornou a IDEO, uma renomada consultoria internacional de design.

Como você faz com que adultos levem a sério a brincadeira? Quando dou palestras, eu quase sempre tento um experimento que se tornou famoso graças a Bob McKim, um eminente pesquisador da criatividade nos anos 1970 (ele foi uma grande influência para a IDEO). Eu dou para todo mundo uma caneta e um papel, e peço para que desenhem a pessoa que está a seu lado e depois para que eles mostrem os desenhos uns para os outros. Risadas constrangidas e desculpas repetidas são quase sempre a reação.

McKim sentia que isso provava como nós tememos o julgamento alheio. Nós ficamos constrangidos em mostrar nossas ideias, e esta apreensão nos deixa sem disposição para aventuras. Contraste isso com a reação de crianças que passam pelo mesmo exercício. Elas demonstram uma completa falta de vergonha. Elas têm confiança para mostrar seu trabalho para qualquer um. Estudos mostram que, quando as crianças estão em um ambiente seguro, elas se sentem livres para brincar. O mesmo acontece com os adultos.

Meu principal papel como tutor em uma universidade e como consultor criativo é armar uma situação em que as pessoas se sintam confiantes o suficiente para brincar. Brincar é o que nos permite evoluir. Quando empresas me dizem que não estão gerando ideias o suficiente e estão ficando para trás de seus concorrentes, normalmente é porque seus funcionários são temerosos e inseguros. Têm medo do chefe ou do que os colegas irão pensar, assustados com a possibilidade de estarem "errados".

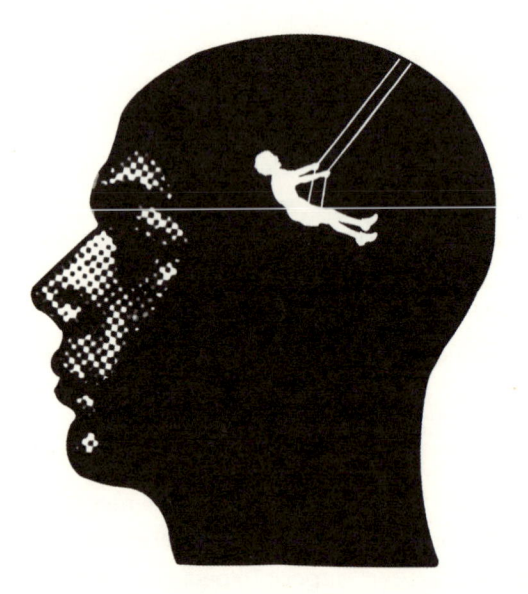

Artistas como Jean Dubuffet, nos anos 1940, abriram o caminho para a reavaliação do valor da brincadeira. Ele era fascinado pela sensação de liberdade expressada na arte infantil, a qual era geralmente diminuída como sendo inútil e primitiva, mas Dubuffet a via como sendo nova e inconsciente. Ele não apenas copiou o estilo da arte infantil, mas copiou sua abordagem crua e inocente. Ele percebeu que, apesar da maturidade trazer muitos benefícios, ele havia esquecido um ingrediente essencial da criatividade: brincar.

Dubuffet resolveu voltar à mentalidade sem restrições da infância enquanto trabalhava. Suas pinturas se tornaram cheias de vida, energia selvagem e inventividade de uma criança. Ele trabalhava com a alegria sem preconceitos de uma criança tentando experimentar tudo, fascinada por tudo. Apesar de seu trabalho receber críticas como "até uma criança de cinco anos poderia fazer isso", Dubuffet finalmente ganhou uma reputação internacional e um lugar na história da arte. A mentalidade de uma criança o ajudou a manter-se jovem, tanto emocional quanto mentalmente, mesmo quando se tornou idoso.

Uma empresa amaldiçoada pelo desgaste executivo me chamou para ver se eu podia impedir que seus melhores gerentes sofressem de exaustão mental. As licenças por estresse estavam custando milhões à empresa devido à produtividade perdida. Os executivos me disseram que agendas lotadas, prazos e responsabilidades faziam o trabalho deixar de ser divertido. Pedi para que listassem atividades divertidas, e então pedi para que eles listassem quanto tempo aquelas atividades durariam. Os executivos descobriram que a maior parte das atividades aprazíveis levava um dia ou mais. Eles não estavam mais se divertindo porque não tinham mais tempo para encaixar estas atividades. Dividimos estas atividades em pequenos intervalos de meia hora ou menos. De repente, havia escapes para diversão em várias horas durante o dia. Os níveis de estresse caíram, a produção subiu e, mais importante, eles se sentiam completos tanto em suas vidas profissionais quanto pessoais.

Culpe a sociedade, os pais, a cultura, a escola ou quem for, mas, falando de forma geral, nossa liberdade para ser infantil está enterrada, e no lugar dela floresce a inibição. Nós temos medo de estar errados, de ser julgados ou ridicularizados. Nosso medo de criar nos retém e previne que nós tentemos novos métodos apenas pela pura alegria de fazê-lo.

O futuro pertence àqueles que conseguem reconectar-se com a brincadeira. É a criança em você que é criativa, não o adulto. A criança é livre e não sabe o que não pode ou não deve fazer. Elas ainda não descobriram o que funciona, enquanto os adultos repetem o que quer que tenha funcionado da última vez. Não importa o que você esteja fazendo, faça como se fosse a primeira vez. Para as crianças não há a última vez. Toda hora é a primeira vez. Eles exploram o mundo sem regras ou preconceitos. Em algum lugar entre a infância e a vida adulta, essa habilidade é sufocada. Escolas lhe ensinam algo – e depois o testam. Na vida você é testado – e isso lhe ensina algo. A última é a única forma efetiva de aprender.

"Há crianças brincando nas ruas que podem solucionar meus maiores problemas em física, porque elas têm modos de percepção sensorial que perdi há muito tempo."

Robert Oppenheimer

Ainda precisa de ânimo? *Continue brincando, na página 256.*

mantenha o impulso

Quando F. Scott Fitzgerald tinha uma ideia para uma história, ele se dedicava completamente a desenvolvê-la. Um dos grandes escritores do século XX, ele escreveu o clássico romance *O grande Gatsby*, que definia a "Era do Jazz" dos anos 1920 (uma expressão que ele mesmo cunhou).

Fitzgerald escrevia e reescrevia suas histórias repetidamente. Ele vivia e respirava a narrativa todo dia sem parar até que ela tivesse terminada, relendo e editando implacavelmente seu próprio texto cada vez mais, dia após dia. Ele justificava isso como sendo teimosia. Como resultado, frases complexas galopavam como cavalos selvagens em todas as direções, mas sempre com as mãos firmes de Fitzgerald às rédeas. O leitor sente que ele escreve quando está em chamas, em ação. Escrever e reescrever as histórias intensificava sua voz única. Ele escrevia de uma forma que era singularmente sua. Ele afinava cada frase à perfeição.

Uma grande ideia é eletrizante e emocionante. Tem energia. Mas não importa o quão forte seja a ideia, se você parar de trabalhá-la, ela esfria. Você deve manter o ânimo que sentiu quando foi inspirado pela primeira vez. Não importa qual o projeto – construir um novo cômodo em sua casa, reformar um barco ou planejar abrir uma loja –, é importante manter o impulso inicial. Trabalhe sobre uma ideia constantemente até que ela esteja resolvida. No minuto em que perdemos o impulso perdemos o fio da meada. Nosso crítico interior acorda. Nós começamos a duvidar daquilo que estamos fazendo, e o nível de energia cai. Quando o assunto é execução criativa, o truque é mover-se – e manter-se em movimento.

"Desde o início do Queen o impulso era tal que nós nunca tínhamos tempo para fazer mais nada. Minha energia estava 95% focada na banda."

Brian May

Conheça o escritor que não desistia, na página 60, e outro que não tinha a menor ideia de onde ia parar, no próximo capítulo.

aspire por não ter objetivos

Corte esta página com uma tesoura. Separe algumas palavras e frases. Misture-as e as reorganize até mudar completamente o sentido original. Você descobrirá que coisas extraordinárias acontecerão; frases imprevisíveis e incomuns vão se encaixar. Você estará livre das estruturas e propósitos da escrita e guiado para várias direções transformadoras.

Um objetivo define um resultado. Quando você tem um objetivo, a rota para ele se torna um trabalho. A imaginação se fecha para outras possibilidades. Se o processo é interessante, o resultado será interessante. Os criativos exploram uma forma mais verdadeiramente aberta e experimental; eles não começam com um destino em mente, porque um alvo poderia aprisioná-los em um rumo predeterminado. A busca por um objetivo se torna uma barreira para a criatividade e exploração reais. Procure por algo e é isso que você vai encontrar. A mariposa tem um objetivo, a chama, mas é queimada por ele.

O escritor que melhor exemplifica isso é William Burroughs. Ele se tornou um dos escritores mais influentes da cultura moderna porque não definia um objetivo claro em sua mente quando começava a escrever um romance. Ele usava uma técnica de colagens para criar uma alternativa às narrativas lineares tradicionais. Quando começava um livro, ele não tinha a menor ideia sobre o que iria falar ou quem seriam os personagens. Frases de jornais, livros ou outros tipos de escrita eram recortados e então colados juntos, quase sempre de forma aleatória. O processo de Burroughs constantemente vomitava combinações incomuns e frases surpreendentes que o deixavam excitado e envolvido com sua escrita. Rumos inesperados se abriam para ele. Burroughs se livrava da camisa de força representacional das convenções do romance linear com começo, meio e fim e, ao fazer isso, tornou-se um fenômeno literário.

Um objetivo limita suas ações. Não há lugar para explorar outros rumos. Você tem de seguir um plano, mesmo quando algo mais excitante emerge. Nós somos ensinados a ter objetivos que sejam precisos e que tenham limitações de tempo, mas esta é a razão exata pela qual os objetivos saem pela culatra – eles nos encorajam a estreitar o foco. As vantagens de estabelecer objetivos quase sempre são exageradas e as desvantagens ignoradas. "Goals Gone Wild: The Systematic Side Effects of Over-Prescribing Goal Setting", um artigo escrito em 2009, na Harvard Business School, chegou a uma conclusão semelhante. Seus autores identificaram um claro efeito colateral associado ao estabelecimento de objetivos, incluindo "um foco limitado". Entre os estudos citados está a estratégia da Sears de estabelecer um objetivo para sua equipe de consertos de automóveis de conseguir atingir US$ 147 a cada hora de trabalho. A estratégia motivava os empregados – mas os motivava a ficar sobrecarregados, o que comprometia a reputação da empresa. Outro exemplo foi o caso do Ford Pinto, que pegava fogo quando era atingido por trás e resultou em 53 mortos e muitos feridos. Os operários haviam dispensado os testes de segurança para atingir o objetivo que haviam estabelecido, em 1970, de que um carro custaria menos de 2 mil dólares.

Não quer que seu concorrente descubra sua estratégia? Siga o conselho de John Von Neumann em seu livro *Theory of Games and Economic Behavior*: recorte e refaça sua estratégia. Seu concorrente não verá vantagem em saber sua estratégia, pois ele não conseguirá prever seu próximo passo.

Se você não sabe para onde está indo, a jornada é mais surpreendente e seu trabalho mais enriquecedor. O maior propósito é não ter propósito nenhum. A motivação para conquistas é importante, mas melhor que identificar objetivos é identificar áreas de foco. Um objetivo define um resultado, mas uma área de foco estabelece no que devemos gastar nosso tempo. Um objetivo é um resultado; uma área de foco é um portal. Não planeje seu trabalho, apenas trabalhe.

"Você estará perdido no instante em que sabe qual será o resultado."

Juan Gris

Descubra mais sobre como não fazer nada pode alcançar grandes feitos, na página 180.

faça do presente um presente

Devemos nutrir nossa habilidade de mergulhar no presente e viver o momento. O compositor Maurice Ravel percebeu isso durante suas experiências extraordinárias na Primeira Guerra Mundial. Convocado como motorista de caminhão, Ravel nunca estava a salvo dos implacáveis projéteis de artilharia, adversários atiradores, gases venenosos e fogo de metralhadora enquanto ziguezagueava pelas estradas esburacadas levando suprimentos para a linha de frente. No inverno, o chão congelava. Na primavera, a chuva transformava os campos de batalha em lama. Os pés dos soldados inchavam três vezes seu tamanho normal na água, o que quase sempre os gangrenava e resultava em amputações. Ratos cresciam do tamanho de cachorros ao se alimentarem de cadáveres em decomposição que se empilhavam naquela terra de ninguém. O fedor das latrinas abertas e dos corpos em decomposição era inevitável. Ravel ficou doente, congelado e sofreu de disenteria. O barulho ensurdecedor fazia que seus ouvidos apitassem mesmo nos raros momentos de silêncio.

Cedo em uma manhã de verão, Ravel estava dirigindo por rodovias ladeadas por árvores mortas e estouradas, atravessando cidades ermas e bombardeadas. A luz era forte e clara, e a distância ele viu um castelo destruído. Lá dentro ele descobriu milagrosamente um piano Érard em perfeitas condições. Ele sentou-se e tocou Chopin, e o horror que o cercava desapareceu. Ele criou um momento extático e emocionante ao seu redor. Ele tornou-se completamente envolvido pela música e mergulhou no presente, descrevendo mais tarde este momento como um dos auges da sua vida. Talvez estar cercado pelo horror tenha tornado o prazer ainda mais intenso.

Como Ravel conseguiu separar-se da guerra que o cercava? As cartas de Ravel e os relatos sobre ele feitos pelos amigos revelam que ele entendia seus pensamentos e humores. Ele controlava seus próprios pensamentos e sentimentos mais do que deixava que eles o controlassem. Muitas pessoas acreditam que pensamentos são coisas que acontecem com eles, em vez de coisas que eles mesmos fazem acontecer. Ravel, no entanto, entendia o funcionamento de sua mente e o fato de que estava criando seus próprios humores. Ele podia criar uma distância emocional de seus arredores e focar o aqui e o agora. Ele não permitia que arrependimentos passados e preocupações futuras arruinassem o presente. Se você acredita que seus pensamentos são provocados por pessoas e acontecimentos externos, isso se torna opressivo. Você se sente desamparado. Ravel conseguia controlar sua atitude em relação aos acontecimentos. Um fator importante era seu interesse em música; todos os artistas falam sobre como eles se perdem em sua arte, como o mundo externo se dissolve e eles ficam totalmente focados em sua tarefa. Ravel estava acostumado a este processo e sabia como usá-lo. É por isso que é importante encontrar tarefas que o envolvam completamente.

Ravel escreveu algumas de suas obras mais populares, como "Le tombeau de Couperin", no meio da guerra. Ele transformou suas experiências e arredores traumáticos em algo positivo. Ravel acreditava que o propósito da vida era saborear a experiência, fosse ela boa ou má, e buscar por outras novas e mais ricas. O prazer não está além, mas aqui. Não no futuro, mas agora.

É importante amar o que se faz e mergulhar nisso. O psicólogo Mihaly Csikszentmihalyi explica: "Fluir é estar completamente envolvido em uma atividade em seu próprio fim. O ego desaba. O tempo voa. Toda ação, movimento e pensamento seguem inevitavelmente o anterior, como tocar jazz."

Não importa onde você esteja nem o que esteja fazendo, fique completamente absorto. Você deve estar completamente envolvido naquilo que experimenta, seja bonito ou feio, bom ou ruim. Suas circunstâncias atuais não ditam seu destino, elas só determinam seu ponto de partida.

"A verdadeira generosidade em relação ao futuro consiste em dar tudo ao presente."

Albert Camus

Sim? *Aproveite o presente e mantenha o impulso, na página 101.*
Não? *Tire um ano de folga para voltar aos trilhos, na página 114.*

abra sua cabeça

A cabeça aberta de Andy Warhol refletia-se na forma que seu estúdio operava. A porta estava sempre aberta. Qualquer um podia entrar e falar com ele, fazer sugestões e até mesmo ajudar a fazer suas obras. Não havia privacidade. Nada de áreas de trabalho individuais. Tudo estava aberto para todos verem.

Um grupo grande de indivíduos criativos lentamente formou-se em seu estúdio, atraído por sua atitude aberta. Eles ajudavam com o trabalho de Warhol, sugerindo ideias para pinturas e até mesmo produzindo-as. Warhol era como uma esponja; ele absorvia as ideias que estavam flutuando ao redor pelo estúdio. Seus seguidores eram uma caixa de ressonância para suas ideias – pessoas diferentes, mas com talentos complementares e personalidades incríveis, que aproveitavam a liberdade do estúdio. Warhol não exercia autoridade. Estimulado por seus muitos talentos, ele lhes oferecia a mão estendida. Ele era passivo, um vácuo ao redor do qual os outros gravitavam com ideias. Era uma excitante atmosfera criativa onde as pessoas se sentiam livres para contribuir com ideias. Muitos sentiram pela primeira vez em suas vidas a liberdade de serem verdadeiramente eles mesmos. O estúdio tornou-se uma central para todos os tipos de arte experimental, incluindo música. Lou

Reed e a lendária banda de rock Velvet Underground eram protegidos de Warhol. O estúdio tinha uma estrutura horizontal – não havia hierarquia. Warhol fazia todos se sentirem como se pudessem fazer parte, como se todos tivessem algo para oferecer, e por sua vez isso ajudava Warhol a sentir o pulso do mundo contemporâneo e reagir como um sismógrafo aos novos desenvolvimentos e tendências. Seus assistentes se sentiam confiantes de sugerir novas ideias radicais porque eles sabiam que ele se sentiria agradecido.

Os benefícios da forma como o estúdio de Warhol funcionava eram tão claros que eles foram extensivamente copiados no mundo da arte. Jeff Koons, Anselm Kiefer, Damien Hirst e outros tantos adotaram seus métodos de trabalho. E, apesar do estúdio de Warhol parecer ser possível apenas no mundo da arte, sua influência na verdade permeou muito mais profundamente; seu sistema também atravessou empresas de design e até negócios mais tradicionais.

Muitas das empresas que funcionam de forma mais bem-sucedida têm adotado uma estrutura horizontal. Normalmente, em empresas horizontais, todo mundo tem seus pedaços da sociedade, o que faz que eles sejam genuinamente envolvidos com a causa. Eles têm poucos níveis de gerenciamento entre os trabalhadores e os executivos, chegando a não ter nenhum. Os trabalhadores se tornam mais produtivos quando diretamente envolvidos na tomada de decisões, mais do que apenas supervisionados de perto pela gerência intermediária. Empregados se sentem mais responsáveis. Comentários e repercussões chegam às pessoas rapidamente. Com uma estrutura horizontal, a força de trabalho pode decidir conjuntamente pela equipe certa para quaisquer tarefas que surjam. Também elimina o medo de ser julgado pelo chefe; um chefe está sempre com medo do que seu chefe pensa e por aí vai. O medo é duplicado, quadruplicado e multiplicado. O gerenciamento intermediário faz que os pensadores criativos parem de se inspirar e, em vez disso, espalha a paralisia através de suas ansiedades.

A criatividade prospera em um escritório ou estúdio que esteja aberto a possibilidades e novas ideias, não importa quão loucas elas possam parecer, sabendo que elas não serão motivo de riso, mas levadas a sério. Um estúdio aberto cria cabeças abertas. Para uma cabeça aberta há múltiplas soluções. Uma cabeça fechada tem apenas uma solução possível e não sabe lidar com a mudança. É rígida. Quebra quando flexionada.

"As barreiras não são erguidas para que se digam aos talentos aspirantes e à indústria 'até aqui e não mais'."
Ludwig van Beethoven

Mais? *Descubra por que os zeladores amam trabalhar na Pixar, na página 182, e por que Bill Gates não se importa que a coisa certa esteja no lugar errado, na página 140.*

pausa para irreflexão

Há uma arte em não fazer nada, intensamente. Os gênios do século XXI são aqueles que conseguem desplugar do obstinado fluxo de comunicações que não param de chegar: e-mails, mensagens de texto, tuítes, Facebook, ligações e mais e mais. Não há onde se esconder destas telas; nós trabalhamos nelas, elas nos entretêm, há telas nos elevadores, nas escolas e em nossos bolsos para preencher as lacunas quando não estamos olhando para telas permanentes. O gênio é tão raro hoje em dia porque estamos muito distraídos, atualizados e conectados. Mais do que guiar a vida, nós estamos reagindo ao que quer que aconteça. Para trabalhar por longos períodos você precisa se desligar ocasionalmente por curtos períodos.

Degas, Monet e outros pintores impressionistas quase sempre trabalhavam intensamente com cores fortes sob a forte luz do sol da aurora ao crepúsculo. Eles desenvolveram uma técnica de tirar intervalos de cinco minutos para olhar em "espelhos escuros" feitos de pedra vulcânica. Isso acalmava os olhos e descansava a mente consciente. Eles descobriram que, apesar de não estar pensando conscientemente sobre o trabalho, o maquinário das mentes continuava a se mexer. Eles voltavam a trabalhar refrescados e energizados. Eles descobriram que seus olhos viam mais e seus dedos sentiam mais. Tudo parecia mais rico. Eles estavam totalmente no momento. Sem lembranças para puxá-los de volta ou planos para empurrá-los adiante. As respostas aos problemas com que eles vinham lutando subitamente tornavam-se claras para eles.

Trabalhar 24 horas por dia, sete dias por semana é o hábito ocidental. Nós todos somos ambiciosos e queremos ser bem-sucedidos. Parece errado parar, mesmo por um instante. É contraintuitivo, mas fechar um negócio por um ano talvez seja a melhor forma de crescer. A cada sete anos o designer Stefan Sagmeister fecha seu estúdio por doze meses. "Tudo que criamos nos sete anos após o primeiro sabático teve suas raízes em pensamentos feitos durante aquele sabático", disse ele. Simon Cohen, o fundador da Global Tolerance, também fez a escolha contraintuitiva de dar a toda sua agência de comunicações um ano sabático. A Global Tolerance havia crescido rapidamente, tinha ganhado grandes clientes e era muito bem-sucedida. Cohen decidiu que a empresa precisaria de um tempo para descansar e refletir, o que só seria possível se eles tirassem um ano inteiro de folga. Logisticamente não foi fácil. "Nossa equipe de RH disse que não havia nada como um sabático de empresa. Nunca havia sido feito antes", disse ele. Eles fizeram arranjos para evitar que clientes fossem roubados por concorrentes e depois de um ano eles voltaram melhores e mais fortes.

Se você é um gerente, permita que os empregados tirem um dia ou uma semana de folga. Se você é um líder corporativo, use o sistema de sabático para refrescar seus funcionários. Se você trabalha por conta própria, force-se a fazer nada de vez em quando. Nós tendemos a não avaliar períodos de folga, mas é mais do que apenas uma ausência do trabalho; é uma ferramenta para se recuperar.

É importante limpar completamente sua mente. Só quando você atinge isso, você pode começar de novo, reanimado. Para pensar mais profundamente, às vezes você deve esvaziar sua mente de todos os pensamentos.

"De vez em quando é bom parar a busca pela felicidade e apenas ser feliz."

Guillaume Apollinaire

Ainda não está convencido? *Explore sua mente para conseguir sua ideia inovadora, na página 190.*

planeje mais acidentes

Você derruba uma caneca de café sobre o trabalho; a caneta estoura ou a impressora fica maluca. Acontece com todo mundo. Não descarte automaticamente acidentes; em vez disso, trabalhe com eles. Acompanhe-os e veja até onde eles podem ir. Use-os para que eles o propulsionem para rumos inusitados.

O problema não é o acidente; o problema é você. Supere suas noções pré-programadas e preconcebidas de que acidentes são coisas dando errado. Você precisa ser mais receptivo ao inesperado. O pintor Francis Bacon resumiu a atitude de uma pessoa criativa frente ao acaso: "Toda pintura é um acidente. Mas também não é um acidente, porque devemos selecionar que parte do acidente deve ser preservada."

Todo mundo, na vida cotidiana, tenta evitar acidentes no trabalho. Já as pessoas criativas, em vez de se incomodarem com acidentes, ficam intrigadas com eles. Os cientistas mais bem-sucedidos não pensaram como cientistas – de uma forma lógica e linear –, mas mais como artistas. Se algo dá "errado", eles olham para o "certo" naquilo.

Édouard Bénédictus acidentalmente derrubou um tubo de ensaio de uma prateleira. O tubo quebrou. Surpreendente e impressionantemente, ele não se espatifou em pequenos estilhaços, mas quebrou-se apenas em grandes pedaços. Além de ser compositor, escritor e pintor, Bénédictus era naturalmente receptivo a acidentes; então investigou. Ele descobriu que o tubo continha nitrato de celulose, o que fez os estilhaços de vidro permanecerem juntos. Ele rapidamente viu o potencial de um vidro que se quebrava, mas não se estilhaçava; seu primeiro vidro de segurança apareceu em máscaras de gás da Primeira Guerra Mundial e depois em para-brisas, até se tornar onipresente.

A borracha vulcanizada foi descoberta por acidente por Charles Goodyear. A borracha ficava muito mole quando esquentava e muito quebradiça quando esfriava. Goodyear acidentalmente derramou borracha em seu forno. Ela assou e transformou-se em uma substância escura e dura, forte e maleável a qualquer temperatura. Ele havia descoberto o processo de vulcanização por acidente, mas usou o acidente a seu favor. Ele é considerado o santo patrono dos inventores porque atualmente a borracha está presente em quase todo objeto mecânico.

A corrente elétrica foi descoberta por acidente por Galvani, como a imunologia foi por Pasteur, os raios X por Röntgen, a fotografia por Daguerre, a radioatividade por Becquerel e a penicilina por Fleming.

Estude na Universidade dos Acidentes. Quando inventaram o computador, também inventaram o computador dando pau. Com a impressora, a mancha de tinta. Toda tecnologia carrega com ela o potencial para acidentes. Acidentes geram novas perspectivas. Eles atraem a mente criativa porque vivemos em um mundo imperfeito, somos imperfeitos e nosso trabalho é imperfeito.

Acidentes refletem a realidade mais precisamente do que a perfeição. Perfeição é a aberração. Pense no acidente como se fosse uma resposta em busca de uma pergunta diferente. Descubra qual é a pergunta diferente. É provável que ela seja mais interessante do que a que você está fazendo.

"Não há acidente; é o destino com outro nome."
Napoleão Bonaparte

Inspirado? Abrace a arte da imperfeição, na página 72, ou continue em frente para conhecer o fracasso mais bem-sucedido do mundo.

se você não pode ser bom de verdade, seja ruim de verdade

Assisti a filmes de Ed Wood muitas e muitas vezes. *A noiva do monstro*, *Plano 9 do espaço sideral* e *Noite das assombrações* são inacreditáveis. Inacreditavelmente ruins. Eles também são alguns dos filmes de mais baixa qualidade e mais estranhos já feitos. Os críticos destruíram todos os filmes que ele lançou em sua vida e todos eles foram fracassos de bilheteria, mas seu zelo por fazer filmes permaneceu intacto. Wood criou um número formidável de filmes. Ele levantava o orçamento, produzia, escrevia, dirigia e atuava neles, muitas vezes simultaneamente. Filme após filme ele trabalhava com o entusiasmo ousado de uma criança, nada diminuía seu ânimo. Você perdoa até seus piores filmes porque ele consegue transmitir seu amor pelos personagens, roteiros e cenários vagabundos. Homens mais frágeis, se forçados a fazer filmes sob as condições que Wood encarou, teriam desistido.

A fama póstuma de Wood começou quando ele foi laureado com a honra de ser "O Pior Diretor de Todos os Tempos", em 1980, apenas dois anos depois de sua morte. Hoje, seus filmes são celebrados por seus erros técnicos, cenários vacilantes, efeitos especiais sem nenhuma sofisticação, diálogos excêntricos, elencos peculiares e roteiros bizarros. Estas características acrescentam charme, personalidade e um espírito bobo que são mais duradouros do que os arrasa-quarteirões fabricados por Hollywood. Os sedutores filmes de Wood têm raros atributos de sinceridade e humanidade que faltam à maioria dos filmes de ficção científica de alta tecnologia e com altos orçamentos. Eles foram produzidos por pechinchas com atores amadores e você sente que todo mundo envolvido estava sendo movido por compromisso, não por dinheiro.

Coisas malfeitas podem ser inovadoras. Preparar-se para não estar na moda ou ser meio nerd pode ter seu charme. É uma forma de mostrar que você não se importa com o que os outros pensam. O mundo está cheio de pessoas que dedicam suas vidas a buscar aprovação. Elas querem ser defendidas pelos outros e se perdem no processo. Elas tentam produzir algo que possa ser elogiado mais do que algo de que realmente gostem. Focar a credibilidade crítica ou o sucesso comercial pode ser muito mais limitante do que contar com paixão e entusiasmo, o motor que abastece a criatividade.

AuctionWeb era um site ruim. As pessoas publicavam fotos mal iluminadas e sem foco de coisas que queriam vender. Era uma venda de garagem mundial que funcionava 24 horas por dia. Um dos primeiros itens a ser vendido foi uma caneta laser quebrada, por US$ 14,83. Impressionado, o fundador do site, Pierre Omidyar, mandou um e-mail para o vencedor do leilão perguntando se ele sabia que a caneta laser estava quebrada. O comprador explicou: "Eu coleciono canetas laser quebradas." Foi quando Omidyar percebeu que ele havia acertado em algo.

Ele havia fundado o AuctionWeb na Califórnia em 1995. Ele logo mudou o nome para eBay. O eBay tornou-se uma das maiores empresas de nova tecnologia dos últimos 25 anos porque era ruim e não tinha vergonha de ser sem graça. Omidyar despejou seu entusiasmo nela e fez com que ela funcionasse bem, mas não tentou deixá-la chique ou sofisticada.

Muita autocrítica pode paralisá-lo e fazê-lo parar de seguir em frente. As pessoas com ideias medíocres e mau gosto quase sempre alcançam sucessos excepcionais porque não sabem quando parar. Melhores os erros do entusiasmo do que a competência suave do *cool*.

"Sucesso é a habilidade de ir de fracasso em fracasso sem perder o entusiasmo."

Winston Churchill

Discorda? *Descubra os méritos de se sentir inadequado, na página 50.*

seja um revolucionário conservador

Uma elegante modelo de salto alto desfilava na passarela. Ela usava um lindo vestido de musseline de algodão branco com uma anágua de filó sintético branco. O público era composto pelos representantes da elite da moda mundial. Eles ficaram pasmos quando, no meio da passarela, a modelo foi atacada dos dois lados. Tinta colorida foi borrifada sobre seu vestido em manchas que se sobrepunham. O rosto da modelo estava manchado e a tinta pingava do seu vestido até o chão. Por quê?

Tudo foi encenado pelo *enfant terrible* da moda, Alexander McQueen, para sua coleção primavera/verão. O público literalmente gritou em aclamação e o *Dress, N° 13* da coleção primavera/verão de 1999 hoje é um ícone da moda.

É importante não fazer as mesmas coisas de sempre do mesmo jeito de sempre, e sim forçá-las ao limite e ver o que acontece se você for excessivo. Por décadas modelos desfilaram para cima e para baixo nas passarelas de Paris e Milão mostrando a nova moda da temporada. Isso era a convenção. Alexander McQueen esmagou essas expectativas.

McQueen foi o estilista mais icônico e celebrado dos anos 1990. Suas roupas hipnotizantes e desenhos transcendentais se tornaram clássicos instantâneos. McQueen amplificava suas habilidades com desfiles dramáticos pela passarela que transformavam desfiles de moda em arte performática. Em vez de simplesmente colocar modelos subindo e descendo pela passarela, as apresentações de McQueen eram eventos sensacionais. Não contente em ser o maior estilista de moda de seu tempo, ele queria um público maior. Ele queria que todos o notassem, não apenas o mundo da moda.

McQueen chamava atenção para seu excepcional talento para cortes e para seus conceitos únicos de design com apresentações provocantes na passarela. Ele pensava grande. Ignorava detalhes práticos. Não importava o quão ultrajante fosse sua visão, o quão pequeno fosse o orçamento, ele sempre conseguia: chuva caindo sobre a passarela, lobos aterrorizando o público, fogo saindo do chão, modelos patinando no gelo, modelos como hologramas etéreos em pirâmides de vidro, recriações de naufrágios e hospícios. Ele subiu o nível em relação ao que as apresentações de moda poderiam ser. Ele as transformou em eventos imperdíveis.

O pintor americano Mark Rothko era excessivo de forma semelhante. Sua primeira exposição pessoal em Nova York foi de retratos de seus amigos. Eles eram comuns. Então ele começou a forçar os limites da pintura. Ele colocava todos seus esforços naquilo em que era bom – forma, cor e composição. Suas pinturas se tornaram cada vez mais abstratas. Finalmente ele e outros pintores expressionistas abstratos começaram a produzir pinturas que eram *inteiramente* abstratas, uma expressão de puro sentimento e nada mais. Até então, a pintura sempre era baseada em algo que existia no mundo real.

Rothko desenvolveu pinturas baseadas em blocos retangulares de duas ou três cores complementares. Os blocos vibravam e ressoavam contra a área ao redor. As telas monumentais oprimiam e envolviam completamente o espectador. Suas pinturas exprimiam emoções humanas básicas – tragédia, êxtase, destruição. Muitos observadores consideram suas pinturas experiências tão emotivas que choram quando estão em frente a elas. Espectadores descrevem sentir algo próximo da experiência espiritual profunda que Rothko dizia ter sentido quando as pintou.

Rothko, que se tornou um dos mais importantes expressionistas abstratos, achou aquilo em que ele era bom ao ser simplesmente o mais excessivo possível. Muitas pessoas nunca se conectam com seus talentos reais e falham em atingir seus potenciais porque não querem fazer o que fazem em excesso. A criatividade é como a mineração; nós precisamos escavar mais fundo para descobrir e revelar nós mesmos.

Não importa qual seja sua área, olhe os sistemas nos quais você trabalha atualmente e veja o que acontece se você for excessivo. Isso fará seu trabalho se sobressair e lembrará que uma pessoa que esteja preparada para ser excessiva pode conseguir mais em uma hora do que cinquenta pessoas razoáveis podem conseguir em um ano.

"Se você não tentar ir além do que alcança, como saber qual é a sua altura?"

T. S. Eliot

Conheça outro revolucionário conservador que era cheio de contradições, na página 227.

acorde os mortos

Você consegue descobrir qual é o filme descrito a seguir?

Um garoto órfão, nosso herói, mora com seu tio e sua tia no meio do nada. Sua vida é entediante, chata e sem graça, e ele espera por algo mais.

A vida do nosso herói é virada de cabeça para baixo um dia quando um estranho personagem aparece para lhe contar a verdade sobre seu passado, seus pais e seu verdadeiro potencial. Ele descobre que seus pais eram especiais e que ele também pode aprender poderes especiais.

Um ancião guardião de barba, que conhece toda sua história, mas não está preparado para contar-lhe tudo, torna-se o mentor de nosso herói. O guardião o resgatou quando ele ainda era bebê e o entregou a seus tio e tia para ocultar a criança das forças do mal.

O garoto aprende a usar seus poderes extraordinários, que se manifestam através de um bastão especial. Só algumas pessoas têm esses poderes, o que permite que elas façam coisas extraordinárias.

Nosso herói aprende que existe a encarnação do mal, que assassinou seus pais. Ele é o mestre das forças sombrias; ele quer dominar o mundo e fará tudo que puder para que isso aconteça. Seus asseclas trabalham pesado para que ele espalhe seu mal.

Nosso herói declara que nunca será tentado pela força do mal e parte em uma busca para destruí-lo. No caminho, ele se junta a dois leais coadjuvantes, um amigo – emotivo e cabeça dura – e uma amiga – esperta e astuta. Mais tarde os dois se apaixonam. Nosso herói passa por imensos perigos para salvar seus amigos e nós começamos a perceber que ele tem um grande futuro pela frente.

No final, a encarnação do mal é derrotada pelo maior poder – o amor.

Pode ser *Guerra nas estrelas* ou *Harry Potter*. Mexendo um pouco mais podem ser vários outros filmes também. A semelhança não diminui sua força nem, estranhamente, sua originalidade. Eu sou um grande fã de *Guerra nas estrelas* e assisti aos filmes dezenas de vezes. Meu apartamento é cheio dos brinquedos da época. Eu sou um grande fã de *Harry Potter* e já assisti aos filmes dezenas de vezes. Meu apartamento é cheio dos brinquedos da época. Eu entrei na fila com meus filhos tarde da noite para comprar os livros quando foram lançados, eu os li várias vezes para eles e passei outras tantas horas ouvindo as gravações narradas por Stephen Fry. Eu nunca me canso da narrativa, mesmo que eu já a conhecesse de *Guerra nas estrelas*.

Todo trabalho criativo é construído sobre algo que já aconteceu antes. Quando alguém diz que algo é original, é porque não tem consciência de suas influências. Os criativos tiram o máximo daquilo que admiram e não têm vergonha de se inspirarem por algo que respeitam. O lado ruim: tudo já foi feito. O lado bom: quase ninguém percebe; então dá para fazer de novo.

O enredo de *Crepúsculo*, de Stephenie Meyer, foi inspirado no *Morro dos ventos uivantes*, mas logo se desviou do clássico de Emily Brontë. *Vasto mar de sargaços*, de Jean Rhys, foi uma resposta criativa a *Jane Eyre*, de Charlotte Brontë. Rhys ficou tão encantada com o livro que quis que os personagens pudessem ser mais bem desenvolvidos e criou uma história anterior que traz as histórias do passado dos personagens, dando à personagem Bertha uma voz que ela não tinha no livro original. Stravinsky recortava músicas de Pergolesi e Tchaikovsky e música popular de que ele gostava e montava os elementos para fazer novas obras.

Se a ação de *Moby Dick*, de Herman Melville, pudesse acontecer nos dias de hoje, como seria? Troque a baleia branca por um tubarão branco e você percebe a inspiração para o livro *Tubarão*, de Peter Benchley, e o filme de Steven Spielberg que ele originou. Em *Moby Dick*, o Capitão Ahab busca por uma feroz baleia branca, que estava causando uma ampla destruição. Moby Dick tinha a característica humana da vingança e isso a fazia atacar indomavelmente os humanos. Ahab persegue e encontra a baleia, mas ela ataca e afunda o barco. Moby Dick vira o barco, e Ahab é arrastado para as profundezas pela baleia.

Peter Benchley e Steven Spielberg admiravam *Moby Dick* e o reinventaram para os tempos modernos. Uma ótima história foi revigorada para um público contemporâneo e tornou-se relevante de novo. Eles pegaram um clássico e o levaram além. *Moby Dick* serviu como um ponto de partida para eles acrescentarem ainda mais ideias e temas interessantes.

"*Tubarão* em uma nave espacial." Foi só isso que Ridley Scott disse quando vendeu o filme *Alien* aos produtores da 20th Century Fox. Era tudo que precisava dizer. Eles entenderam instantaneamente. Eles estavam bem cientes do impacto de *Tubarão* e agora era aquilo, mas confinado no espaço sem ter para onde fugir. Vender um filme é difícil: você tenta persuadir o estúdio a lhe dar milhões para contratar roteiristas, atores, diretores de arte e o resto da equipe quando você não tem nada a mostrar, só uma ideia.

"*Tubarão* em uma nave espacial" era um conceito no qual a equipe de produção poderia se basear. O diretor de elenco sabia que tinha que escolher atores desconhecidos porque o elenco de *Tubarão* era desconhecido na época e o público se identificaria com mais facilidade do que com estrelas de Hollywood. O pequeno barco Orca em *Tubarão* era frágil e não funcionava direito, como a nave Nostromo em *Alien*. Era completamente diferente das naves elegantes e ultramodernas como as vistas em filmes como *Guerra nas estrelas* e *2001 – Uma odisseia no espaço*. Em *Tubarão*, você só via relances do tubarão; você não vê todo o monstro até o final. Isso ajudou a disfarçar o fato de que ele era um modelo. Eles usaram a mesma técnica em *Alien* para esconder o fato de que o monstro era um homem em uma roupa de borracha. Há inúmeras semelhanças, mas Ridley Scott e sua equipe transformaram a ideia básica de *Tubarão* em algo único e original enquanto acrescentavam seus próprios conceitos. *Tubarão* foi a fundação que Scott usou para construir sua própria casa. *Alien* deu origem a centenas de cópias, e por aí vai.

Os criativos quase sempre refazem uma história, uma pintura, uma ideia ou uma canção que os impressiona. Ao fazer isso, ela se torna deles e eles a transformam em algo completamente novo. Se um trabalho de alguém realmente entrar em sua cabeça, às vezes você tem que refazê-lo apenas para tirá-lo da cabeça.

"Não há mal nenhum em repetir uma coisa boa."

Platão

Não está interessado em repensar suas próprias ideias? *Repense as de seus ídolos, na página 202.*

funcione nas horas que funcionam para você

Cientistas da Divisão Teórica do Laboratório Nacional de Los Alamos ficaram preocupados quando seu brilhante colega Mitchell Feigenbaum começou a viver dias de 26 horas em vez do tradicional de 24 horas. Seus dias se combinavam e deslocavam dos deles – ele às vezes acordava quando o sol se punha ou tomava café da manhã quando os outros estavam jantando.

Feigenbaum estava estudando o caos e queria adotar aleatoriedade em sua vida cotidiana. Durante seus dias de 26 horas ele não pensava sobre problemas científicos tradicionais; ele pensava sobre nuvens, espirais de fumaça que saíam dos cigarros e redemoinhos, que eram estruturados, mas imprevisíveis. Seus colegas achavam que ele estava desperdiçando seus dons, mas ele tornou-se o principal responsável pelo estudo da teoria do caos, o estudo da aleatoriedade em um sistema que também obedece a regras. Nenhuma outra ciência teórica recente teve um impacto tão fenomenal em nossa cultura.

O caos apresentava problemas que desrespeitavam métodos científicos estabelecidos. Apenas alguém como Feigenbaum, que vivia de forma diferente e por isso pensava de forma diferente, poderia ter descoberto a teoria do caos.

Para pensar ou agir criativamente, você não pode seguir cronogramas. O mundo gira ao redor de agendas, mas rotinas criam comportamento rotineiro, e o comportamento rotineiro cria o pensamento rotineiro. Rotina não é organização. Organização é um arranjo bem-sucedido. Rotina é repetição burra.

Trabalhar à noite é mágico. Rodeados pela escuridão e pelo silêncio podemos acessar um mundo fechado aos outros. É como um outro planeta. O escritor Craig Clevenger se isola em casa por dias a fio quando começa a escrever um novo romance. Ele cobre todos os relógios e as janelas com fita isolante preta e papel-alumínio para perder completamente a noção de passagem do tempo. A escritora Toni Morrison, vencedora do Nobel, começava a escrever antes do amanhecer, mas mais por necessidade do que por escolha, porque seus filhos pequenos acordavam às cinco da manhã. Charles Dickens andava pelas ruas à noite e conheceu nas docas, mercados e becos de Londres personagens estranhos que ressurgiram em seus romances.

Desconfie de padrões e agendas normais: eles produzem pensamento normal e comum. Rasgue cronogramas e interrompa rotinas. Se você está verdadeiramente envolvido com o seu trabalho, dez horas podem parecer dez minutos, enquanto a maior parte das pessoas está trabalhando em empregos em que dez minutos parecem que duram dez horas. Se você está fascinado por aquilo e totalmente envolvido no que está fazendo, você se perde no momento e atua no seu auge. Funcione nas horas que funcionam para você.

"Se você quer mudar sua arte, mude seus hábitos."
Clement Greenberg

Não está convencido? *Mergulhe no momento, na página 107.*

procure sem encontrar

Assisti ao homem mais misterioso e enigmático que já vi entrar na sala. Ele emergiu do nada e estava indo para lugar nenhum. Seus membros magros pareciam esticar-se infinitamente e dar-lhe uma aparência frágil, ainda que ele exalasse força interior. Quase dois metros de altura, ele inclinava-se para a frente com determinação e aparente conhecimento, ainda que hesitante e questionador. Um homem universal que resume nossos tempos.

Walking Man 1 é uma escultura de bronze feita por Alberto Giacometti em 1960, que entrou para a história em 2010 quando foi vendida por 104,3 milhões de dólares. Giacometti era um artista que sentia que nunca poderia representar outra pessoa em tinta ou gesso porque as pessoas são muito impenetráveis e complexas. Quando ele pintava ou esculpia, Giacometti buscava, mas nunca encontrava. Mais importante do que isso, gostava do estado de ignorância. Era uma libertação. Havia mais liberdade nisso do que no conhecimento, em estar certo. Ele trabalhava a partir da vida real, ainda que acreditasse não ser possível capturar a realidade em uma pintura ou em um retrato. A luz sempre flutuava e tanto ele quanto seus modelos sempre se moviam, mesmo que imperceptivelmente. Tudo que estava visível era instável e mutável. Isso significava que era impossível produzir uma pintura estática do que vemos em duas dimensões. Ele foi sábio o suficiente para entender que poderia apenas tentar, mas nunca capturar a realidade de verdade.

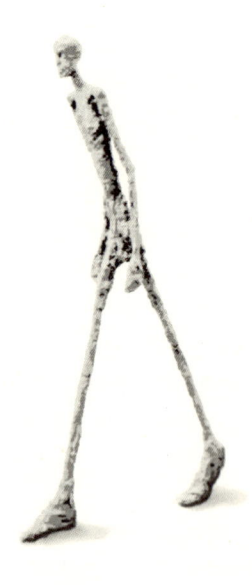

Não tenha vergonha de ser ignorante. A ignorância é natural. A criatividade existe em não saber. Você tem que se satisfazer em admitir que é ignorante e que nunca encontrará uma solução. Mesmo achar que há uma resposta é uma armadilha, um beco sem saída. Esteja disposto a parecer burro, arriscar a dor emocional de estar errado.

Quando o Oráculo de Delfos declarou que o filósofo Sócrates era a pessoa mais sábia da Grécia, ele sugeriu que era porque havia percebido o quão pouco sabia. Ele também percebeu o quão pouco todos sabem! Sócrates não tinha uma filosofia nem anotava nada; ele simplesmente fazia perguntas aos seus seguidores. Ele considerava que era um sucesso se, no final de uma sessão com eles, seus seguidores soubessem menos do que sabiam no começo.

Se você não sabe o que está fazendo, você não sabe o que não pode fazer. Você deve buscar por respostas sem precisar encontrá-las. Há liberdade na ignorância, enquanto o conhecimento é um ponto final. Use o que você aprendeu para criar um tipo de ignorância de alta qualidade. Você deve ser completamente consciente do quão ignorante você é antes de seguir em frente com determinação e incerteza.

"Pintar, para mim, é uma constante busca. Eu posso ver o que quero, mas eu não posso chegar lá e, mesmo assim, é preciso ser aberto o suficiente para deixar ser de outro jeito se acontecer de outro jeito."

Jamie Wyeth

Mais? Aceite a certeza da dúvida, na página 47.

não descuide dos descuidados

Depois de ler uma notícia no jornal sobre o assassinato do fazendeiro Herbet Clutter e sua mulher e filhos, em 1959, o escritor Truman Capote decidiu investigar. Ele percorreu 1.700 quilômetros até a cena do crime, River Valley Farm. Era uma fazenda pitoresca e tranquila, com um teto branco angular que despontava no mar revolto do milharal, cercada por olmos. Ficava isolada, nos arredores de uma pequena cidade no Kansas, no coração apertado do meio dos Estados Unidos. Os Clutter eram pessoas decentes, trabalhadoras e gentis. Os assassinos eram o lado sombrio dos EUA: desenraizados, impetuosos e irreverentes. Este contraste fascinava Capote. Ele queria entender o mais profundamente possível os motivos e as personalidades de todos envolvidos. Ele se saturou no incidente, entrevistou residentes locais, os policiais envolvidos no caso e os assassinos antes de serem executados. Depois de seis anos ele havia reunido 8 mil páginas de anotações que se tornaram a base de *A sangue-frio*, seu premiado clássico de não ficção.

O livro foi uma sensação instantânea e agora é considerado um clássico da reportagem norte-americana. Na verdade, Capote havia criado um novo gênero, um formato original: o "romance de não ficção". Não era um livro de mistério nem um *thriller*, porque já no início era dito quem eram os culpados e se eles tinham sido pegos. Em vez disso, seu fascínio residia em outras coisas: em entrar nas mentes dos envolvidos e descobrir o que os fazia funcionar; em explorar a dinâmica entre os assassinos e suas vítimas; e no suspense de ler até o fim para saber dos detalhes sangrentos.

O intrigante e o atraente estão ao nosso redor, mas não os percebemos. Há notícias sobre assassinatos na maioria dos jornais, na maioria dos dias. Nós passamos por elas e quase não registramos. Nós somos distraídos por besteiras irrelevantes. A criatividade pode ser tão simples quanto prestar atenção em algo que foi ignorado pelo mundo e forçar o mundo a perceber.

Nós todos perdemos oportunidades o tempo todo. As oportunidades estão nos objetos, personagens, visões e histórias incríveis que nos cercam. Elas estão sob nossos narizes, mas a maioria das pessoas as ignora. Se sua mente estiver alerta para seus arredores e para a estranheza do lugar-comum, você pode tirar o máximo do que já está lá. Use qualquer coisa interessante que encontrar.

"Nada existe até ou ao menos que seja observado. Um artista faz algo existir ao observá-lo."

William Burroughs

Encontre inspiração natural no dia a dia, na página 53.

ponha a coisa certa
no lugar errado

Como você pode atualizar sua perspectiva e ver as coisas sob uma nova luz? Coloque algo ou alguém em um lugar incomum. Olhar para o objeto escolhido em uma locação inusitada joga fora os preconceitos e estereótipos que você criou sobre ele. Ao colocar coisas cotidianas onde você não espera encontrá-las, um potencial extraordinário é revelado.

Os surrealistas inventaram a simples técnica de colocar dois objetos diferentes juntos para criar uma justaposição incomum. Durante os anos 1930, o lagostafone de Salvador Dalí, que tinha uma réplica de uma lagosta no lugar do gancho do telefone, mudou a forma como designers encaravam o desenho de produtos. Ele funcionava. Dalí entendeu que as coisas do dia a dia tinham um significado para além de suas funções práticas. Nós estamos cercados de objetos incomuns, de telefones no formato de hambúrgueres ou bananas e até carrinhos de bebê – este último é outra prova de que reunir dois objetos incomuns pode liberar um enorme potencial.

Owen Maclaren criou o trem de pouso do Spitfire, o caça britânico que dominava os céus durante a Batalha da Bretanha. Seu trem de pouso se dobrava de forma organizada, mas complexa. Em 1965, inventou um carrinho de bebê dobrável usando o mesmo mecanismo flexível e revolucionou o transporte de bebês e crianças pequenas; anteriormente, carrinhos e cadeiras de bebê eram pesados, duros e impraticáveis. Owen começou a produzir o novo carrinho de bebê Maclaren feito de alumínio leve em 1967. Ele vendeu milhões em dezenas de países. Maclaren também inspirou outros objetos dobráveis do futuro, como a bicicleta Strida.

Bill Gates tinha uma política na Microsoft de pegar um empregado e colocá-lo num departamento completamente diferente por algum tempo para que ideias de uma área fossem transferidas para outra. Ele fazia isso apenas para ver o que acontecia. Às vezes não acontecia nada, mas ocasionalmente produzia resultados incríveis.

Coloque coisas e pessoas díspares juntas, por motivo nenhum além de ver o que acontece. Não importa qual seja sua área, coloque seu assunto em diferentes contextos. Não é o que você olha que importa, mas o que você vê.

"O homem que não consegue visualizar um cavalo galopando sobre um tomate é um idiota."

André Breton

Inspirado? Tente ir do A ao B pelo Z, na página 238.

mantenha-se faminto

Nós desejamos o luxo, mas é um sedativo motivacional. É um obstáculo e nos esgota de incentivos. Sussurra à nossa mente inconsciente para que ela relaxe, pegue leve. Espaços neutros, simples e humildes são os que nos ajudam a ter foco. Luxo não é para os criativos, é para poodles.

O mais intransigente pintor de retratos de sua era, Lucian Freud, mantinha seu estúdio limpo, vazio e livre de distrações. Freud forjou seus vínculos mais próximos em seu estúdio. Seus modelos – duquesas, drag queens, rainhas, amantes e filhos – nunca esqueceram a intensa experiência. Não havia nada mais em que se concentrar além de pintar e ser pintado.

Freud era impiedoso em suas descrições sobre as verdades da carne humana. Suas pinturas eram somente sobre a autenticidade de sua própria visão. Fatos são uma coisa; a verdade é outra. É mais reveladora. Para conseguir a verdade, Freud precisava de um ambiente vazio. Todos seus modelos, não importava se belos ou grotescos, eram sujeitos à mesma interrogação austera. Ele os pintava como via, descrevendo os defeitos e falhas sem nada da adulação de sempre dos pintores de retrato. Ele investia tudo na pintura. O ponto é que ele não dependia de nada. Ele não precisava de apoios – nenhuma música ou telefone, nenhuma graça ou afetação, nada.

Freud trabalhava longas horas – uma sessão pela manhã com um modelo, uma tarde de descanso e uma sessão noturna com outro modelo –, sete dias por semana, o ano todo. Ele se isolou do clamor da cidade. Ele seguia alerta e fresco, pois estava isolado das besteiras da vida cotidiana.

Freud não tinha uma vida monástica. No bar exclusivo Colony Room, para cada gole que eu tomava do meu drink, ele tomava um copo. Ele teve muitos filhos com muitas mulheres diferentes. Vivia a vida intensamente. Era diferente, contudo, no seu estúdio, ele precisava de um espaço mental livre.

Ralph Waldo Emerson, Emily Dickinson, Henry David Thoureau e outros tantos, demais para serem mencionados, buscaram a solidão para encontrar uma rica fonte de inspiração. Um escritório ou estúdio esparso deixa o cérebro afiado. Você se torna completamente absorvido, pois consegue ver as coisas como são. Forças dispersas são direcionadas a um único e poderoso canal. A mente quer divagar. Mantenha-a na linha ao eliminar desvios.

"A coisa mais triste que posso imaginar é me acostumar ao luxo."
Charlie Chaplin

Veja por que Einstein preferia um local de trabalho bagunçado, na página 199.

surpreenda-se

Você pode não perceber, mas tem uma história interessante para contar. Uma anedota que todos têm de ouvir. Todos nós temos. Uma luta contra uma doença, tempos difíceis na família, pobreza ou um momento de revelação súbita. Se percebemos isso ou não, nossa vida é o nosso tema, e soltar nossas lembranças nos permite que nos surpreendamos e aprendamos mais sobre nossas personalidades e o que nos torna tão únicos. Tudo é autoexpressão; nós criamos nossas biografias em tudo que fazemos.

A artista Frida Kahlo tirava o máximo que podia dos acontecimentos de sua vida. Seu status icônico vem de suas pequenas pinturas autobiográficas. Apesar de tecnicamente pobres e rudes, elas são fascinantes, pois contam sua história cativante. Seu otimismo e entusiasmo desenfreado não foram atingidos pelos eventos trágicos em sua vida. Aos seis anos ela foi vítima de poliomielite, o que a deixou mancando, com um pé deformado. Mais tarde ela sofreu sérias lesões em sua perna direita e na pelve em um acidente de trânsito e teve que encarar uma batalha de vida inteira contra a dor. Durante seu período de convalescença, ela pintou seu primeiro autorretrato, o início de uma extensa série que mapeia suas reações emocionais aos eventos em sua vida. Os ferimentos de

Kahlo a impossibilitaram de ter filhos e ela registrou seus abortos em quadros. Ela conheceu o artista Diego Rivera, e eles entraram em um casamento turbulento. Kahlo passou por muitas operações na coluna e em seu pé aleijado; em certo ponto sua perna direita foi amputada do joelho para baixo para evitar gangrena: um grande golpe em alguém preocupado com a autoimagem. Ela aprendeu a andar de novo com um membro artificial. Todos esses eventos estão contados em suas pinturas. Ela é seu próprio tema.

Apesar das últimas pinturas de Kahlo terem se tornado desajeitadas e caóticas por causa dos efeitos conjuntos da dor, das drogas e bebidas, elas foram os seus melhores trabalhos, e sua reputação artística cresceu. Elas explicaram e documentaram sua vida. As pinturas mostram que ela decidiu não ser uma vítima. Toda a dor que ela sofreu não a impediu de ter um caso de amor com a vida.

Howard Schultz foi mais conhecido como CEO do Starbucks. Seu pai se esforçou em uma série de empregos de trabalho manual e nunca encontrou satisfação profissional. Então ele se machucou no trabalho e não tinha plano de saúde como benefício trabalhista.

Aquilo marcou Schultz para sempre. "O que me atraiu não foi o café, mas sim tentar criar uma empresa em que meu pai nunca teve a oportunidade de trabalhar", disse. Ele acreditava que o Starbucks era a primeira empresa nos Estados Unidos a oferecer plano de saúde integral e sociedade na forma de ações para seus empregados. Sua experiência negativa se provou positiva para a empresa.

Todo mundo precisa analisar e entender aquilo que o motiva criativamente. É como desmontar um relógio para ver como ele funciona. Pergunte a si mesmo: qual foi a melhor ideia que eu tive? Como aconteceu? Qual foi minha pior ideia? Qual foi meu primeiro trabalho criativo? Autoconhecimento o ajudará a entender por que você faz as coisas do jeito que faz, como você funciona, o que o anima, o que o desperta. Você começará a entender a história que está querendo contar.

"Toda arte é autobiográfica. A pérola é a autobiografia da ostra."
Federico Fellini

Conheça outra artista que usou sua própria experiência para causar efeito, na página 25.

tire vantagem da desvantagem

Os feitos extraordinários de Chuck Close, o grande artista fotorrealista, são um exemplo fascinante da transformação de uma desvantagem em vantagem. Seus retratos enormes e cuidadosamente precisos estão expostos em todos os grandes museus do mundo. A escala monumental é de tirar o fôlego. Ficar em frente a eles é como estar em frente a uma montanha. A precisão dos detalhes impressiona e encanta; e ainda assim juntos eles fazem um retrato superior. Close passava imensas quantidades de tempo nos detalhes microscópicos de suas imagens.

A catástrofe atingiu Close no auge de sua fama. Um coágulo de sangue em sua coluna o deixou paralisado do pescoço para baixo. Close era conhecido por suas pinceladas detalhadas e agora de repente ele nem conseguia segurar um pincel. Como Jackson Pollock dizia: "Pintar não é um problema. O problema é o que fazer quando não se está pintando."

Após uma reabilitação intensiva, Close retomou um leve movimento no braço. Ele aprendeu a pintar novamente com um pincel amarrado ao seu punho com uma fita. Depois conseguiu manipular um pincel para criar pequenos formatos abstratos. Ele seguiu criando um tipo inteiramente novo de retrato: pequenos quadrados abstratos que, olhados de perto, são marcas separadas em espiral, mas que vistos a distância se aglutinam como pixels em uma única imagem, como um mosaico. As cores eram mais fortes e mais vivas. Estas pinturas se tornaram ainda mais famosas e consolidaram o lugar de Close na história da arte. A forma como Close reagiu à destruição da doença miraculosamente o transformou em um dos grandes coloristas.

Close não deixou que sua deficiência impedisse o que ele achava que havia nascido para fazer. Ele tornou a desvantagem de sua deficiência uma fonte de inovação. Talvez sua juventude difícil o tenha treinado para fazer com que as desvantagens o ajudassem: seu pai morreu quando ele tinha onze anos e, logo depois, sua mãe ficou doente, e o preço das contas médicas lhes custou a casa. Close tinha dislexia e sofria na escola, onde era considerado burro e preguiçoso. Disseram-lhe que nunca iria à universidade, mas ele foi para Yale e superou todos os obstáculos.

Em 1980, o grande guitarrista de jazz Pat Martino descobriu um grave aneurisma cerebral e foi submetido a uma operação. A cirurgia o fez sofrer de amnésia completa. Martino não conseguia se lembrar de seus familiares e amigos, como tocar guitarra, sua carreira ou mesmo quem ele era. Ele se sentia como se estivesse "derrubado, vazio, neutro, limpo... nu". Por meses ele estudou exaustivamente seus velhos discos e aos poucos conseguiu reverter sua perda de memória e voltou à forma na guitarra. Suas antigas gravações eram "um velho amigo, uma experiência espiritual que permaneceu linda e honesta". No início dos anos 1990, ele voltou a tocar ao vivo. Suas experiências acrescentaram uma nova dimensão em sua forma de tocar.

Muitos aclamam Django Reinhardt como um dos maiores violonistas de todos os tempos porque ele inventou um novo estilo de jazz – o *"hot" jazz guitar*, a guitarra "quente" de jazz. Foi necessário, pois, que seus dedos da mão esquerda fossem queimados em um incêndio e paralisassem. Reinhardt só podia usar o indicador e o dedo do meio. Ao superar esse problema, ele criou uma tradição musical, e suas composições mais populares se tornaram standards do jazz.

Esses pensadores criativos não apenas superaram suas desvantagens, mas as usaram ativamente para acrescentar uma nova dimensão ao seu trabalho. Você tem que tentar ver oportunidades nos reveses para começar mais uma vez com sabedoria; então você também poderá superar tragédias aparentemente intransponíveis. "Eu preciso fazer algo" sempre resolve mais problemas do que "algo precisa ser feito".

"A adversidade tem o efeito de fazer talentos aparecerem, talentos que em circunstâncias prósperas seriam mantidos dormentes."

Horácio

Prefere o clássico ao jazz? *Conheça outro músico que tornou uma adversidade sua vantagem, na página 194.*

diga sempre a verdade

A verdade tem força e, portanto, dá energia para seu trabalho. Pode ser intragável – talvez até ofensiva. Você não deve sacrificar a verdade para que ela não ofenda. Para produzir algo que irá sobreviver ao teste do tempo é importante revelar algo ou descobrir algo oculto.

Os Impressionistas revelaram a verdade sobre a óptica do olho e a percepção do espaço. Os Futuristas revelaram a verdade sobre a relação do mundo moderno com velocidade, viagens rápidas e o fluxo livre de informação. Os Surrealistas revelaram a verdade sobre a importância do inconsciente e como nossos verdadeiros desejos estão escondidos da visão. Os artistas Pop revelaram a verdade sobre os efeitos da sociedade de consumo e do capitalismo em nossos valores. Artistas conceituais revelaram a verdade sobre a dominância das ideias em nossa percepção de mundo. Galileu passou seus últimos anos de vida preso em casa por revelar que a Terra não era o centro do Universo e que girava em torno do Sol. Eles estavam todos buscando pelo significado real do mundo ao seu redor.

Nós vivemos em um mundo de relações públicas, criadores de imagens, identidades em transformação e consultores de mídia. A maior parte das pessoas está tentando esconder a verdade, acobertando as coisas e projetando uma imagem falsa. As verdadeiras pessoas criativas buscam revelar e não esconder. Elas contam a verdade sobre a verdade. Qual é a razão real, escondida sob a superfície, que o faz se interessar por seu assunto?

"Todas as verdades são fáceis de entender depois que são descobertas; o principal é descobri-las."

Galileu

Inspirado? *Tente Choque e Terror, na página 159.*
Sem inspiração? *Veja que a verdade não é sempre suficiente, na página 262.*

suspenda o julgamento

Sentei-me no Royal Albert Hall com alguns outros milhares de fãs de música completamente fascinado. Alguns viajaram centenas de quilômetros para estar ali. O cenário histórico contribuía para a atmosfera atraente. O pianista virtuoso caminhou em direção ao palco, ergueu a tampa de seu piano e sentou-se lá em silêncio por quatro minutos e trinta e três segundos com uma seriedade proposital que era palpável para todos nós. Então ele fechou a tampa do piano e saiu do palco. Nós ouvimos animadamente nada. O público e a orquestra atrás do pianista ficaram parados, um violinista deixou seu arco cair, um oboísta fez um ruído quando esticava sua perna e houve um solo de vento acidental vindo do estômago de uma mulher sentada duas fileiras à minha frente, mas foi só isso. Quando a obra terminou, o maestro disse: "E, agora, música de verdade" e continuou o programa com Brahms e Beethoven. Que filisteu.

Nós havíamos acabado de ouvir "4'33"", de John Cage. Ela foi tocada sem que o pianista tocasse uma única nota. A obra consiste nos sons do auditório: tossidas, roupas farfalhando, respiração e o som distante do trânsito. "4'33"" colocava em questão o fato de todos os sons serem igualmente válidos. O som de uma sinfonia de Beethoven não é mais bonito do que o de um processador de alimentos. Não é necessariamente o que ouvimos que é significativo, mas o fato de ouvirmos. O que torna "4'33"" tão interessante é a simplicidade do conceito.

Cage tentou eliminar o julgamento da música porque ele acreditava que tudo era música – o som do trânsito era tão bonito quanto um concerto de Mozart. A música não existe apenas em salas de concerto, mas ao nosso redor, o tempo todo. O que quer dizer que estamos sempre nos melhores assentos. De certa forma, o que ele estava apontando é que nós apenas ouvimos o que escutamos. Ele simplesmente escutava com mais atenção do que a maioria.

Para tirar o maior proveito de qualquer situação é importante que você suspenda julgamentos. Nós julgamos tudo: pessoas, preços, produtos, comportamentos e automaticamente categorizamos as coisas como "boas" ou "ruins". Uma vez que você classificou algo, você o prendeu. Deferir o julgamento permite que todas as possibilidades estejam abertas.

Tente abandonar critérios convencionais como aqueles que determinam que formas tradicionais de arte são mais bonitas do que qualquer outra coisa. Jogue fora hierarquias e aceite que tudo tem algum tipo de qualidade, e você se abrirá para ver a beleza de todas as coisas.

Julgamento e criatividade são dois processos diferentes. É importante criar livremente e não é possível fazer isso e julgar ao mesmo tempo. Deixe para formar opinião ou chegar a conclusões no final do processo.

"Veja. A arte não conhece preconceito, a arte não conhece fronteiras, a arte não tem nenhum julgamento quando está em sua forma mais pura. Por isso vá, simplesmente vá."

k. d. lang

Convencido? *Abra sua mente com Andy Warhol, na página 110.*
Não convencido? *Tente buscar em toda parte, na página 182.*

jogue-se em você mesmo

Se você não está fazendo o que você quer, o que está fazendo?

Claro que você deve estar fazendo algo de que não gosta. Você está provavelmente fazendo algo que os outros querem que você faça. Dê permissão para que você possa fazer o que o anima e intriga. É assim que você vai conseguir extrair o seu melhor.

O romancista James Joyce não cedia – ele escrevia da maneira que queria. Seus talentos não se encaixavam na escrita acadêmica tradicional; por isso ele aproveitou ao máximo suas habilidades experimentais de escrita. Ele não levou em conta o leitor nem o potencial de mercado de seu texto. Ele não fez nenhuma concessão. Ele criou seu próprio estilo. O resultado foi *Ulisses*, um momento decisivo na literatura moderna, que apresenta uma versão sem edição ou censura do fluxo de consciência dos pensamentos de um personagem fictício. Há longas passagens caóticas, palavras estranhas e alusões obscuras. Muitos o consideram o melhor livro já escrito. Outros o consideram o pior; o livro chegou a ser banido por anos. Não importa: o romance é exatamente o que Joyce queria. Ele se satisfez e desconsiderou completamente o público e a crítica. Ele não estava tentando atingir algo além de si, como aplauso dos críticos ou grandes números de vendas. Ele não estava preocupado com ambições mundanas e é por isso que, paradoxalmente, *Ulisses* tornou-se um clássico definitivo.

Nossa sociedade acredita que o trabalho deve ser pesado e insatisfatório. As coisas importantes que muitos de nós queremos fazer – dançar, atuar, pintar, escrever – devem ser frívolas porque são agradáveis. O talento para atuação, música ou poesia não é levado a sério porque parece ser muito satisfatório, muito agradável.

Uma aluna de uma das minhas oficinas não estava fazendo o que queria. Ela trabalhava no departamento de administração de sua empresa, mas queria trabalhar no departamento de marketing, produzindo anúncios. Ela sentia que sua criatividade não era apreciada. Ela queria pedir demissão. Ela havia pedido para ser transferida para o departamento de marketing, mas era frequentemente repelida. Eu expliquei que ela deveria "fazer" o marketing. Até então ela havia tentado persuadir seus superiores com palavras. Palavras desaparecem no momento em que são ditas. Ela precisava *mostrar* a eles. Eu a fiz criar uma campanha publicitária para sua empresa. Ela desenvolveu o conceito, escreveu o slogan, tirou as fotos, desenhou os layouts – o pacote todo. Era melhor do que a campanha publicitária que sua empresa havia acabado de fazer. Ela mostrou aos seus superiores. Eles a transferiram imediatamente para o departamento de marketing. Eles podiam ver que ela estava mais apta ao marketing.

Se você tentar se satisfazer totalmente, estará dando o seu melhor. Você estará fazendo aquilo que mais importa. Pense na diversão. Pense no prazer. Faça o que mais quer fazer. É o melhor para você.

É o melhor para todos. Se está satisfeito, sua satisfação se espalhará para os outros.

"Um homem tem sucesso se ele acorda de manhã e vai para a cama à noite e entre essas duas coisas ele faz o que quer fazer."
Bob Dylan

Mais? *Siga Robert De Niro e crie suas próprias oportunidades, na página 29.*

tente o choque e o terror

As fileiras casuais de dentes afiados se avultavam sobre mim pelo líquido verde sombrio. Eu podia ver o enorme buraco do esôfago monstruoso atrás delas. Seus olhos pretos frios me encaravam e eu olhava de volta para a cara da morte.

Eu vi pela primeira vez *The Physical Impossibility of Death in the Mind of Someone Living* (em português, A impossibilidade física da morte na mente de alguém vivo), de Damien Hirst, na Saatchi Gallery, em Londres, em 1992. Foi a obra de arte que dominou aquela que era um tubarão de verdade de 4,3 metros preservado em um tanque enorme de vidro cheio de formol. O espectador ficava a alguns centímetros de distância da mandíbula escancarada de um enorme tubarão adulto. Criava uma experiência perturbadora, imediata e visceral. O tubarão fazia você ficar frente a frente com a vida e a morte. Hirst não queria uma pintura de um tubarão. Ele queria um tubarão de verdade, verdadeiro o suficiente para apavorar, para forçar o espectador para fora de sua zona de conforto. A obra explora nossos maiores medos. Você é forçado a pensar sobre a morte. Ela não lhe dá nenhuma opção; você precisa confrontar seus pesadelos mais sombrios.

No mundo criativo o choque pelo choque é justificável, já que ele nos força a nos perguntar *por que* estamos chocados. Atiçar as pessoas para além de sua complacência pode ser bom para todo mundo. O papel dos cientistas geralmente é reafirmar, estabelecer certeza, corrigir erros. O papel do criativo é perturbar, questionar e provocar. A mente criativa revela verdades mais profundas e mais fundamentais do que meros fatos.

É uma prática comum entre diretores a de entrar nos cinemas quando seu filme acaba de ser lançado para ver a reação do público. Quando *Tubarão*, de Steven Spielberg, foi exibido nos cinemas, em 1975, ele tomou uma dose de Valium e sentou ansiosamente nos fundos de uma sessão em Dallas. Ele alternava seu olhar entre o público e a tela. Depois da cena em que um garoto é morto em uma jangada, um homem na fileira da frente se levantou, passou correndo por Spielberg, vomitou em todo o carpete da entrada do cinema, foi para o banheiro se limpar e então voltou ao seu assento. "Foi quando eu soube que seria um sucesso", disse Spielberg.

Se você não tem a atenção do público, você está falando sozinho. Uma máquina de venda automática em um shopping chamava muita atenção: tinha armas novas em folha em vez de chocolates e latas de bebida. Ao verificar de perto, percebia-se que elas eram de verdade. Era tão fácil comprar armas quanto doces. Você anseia por colocar dinheiro na máquina, pois "sua doação irá para a Aliança do Controle de Armas, por uma África do Sul sem armas". Uma frase explicava: "É fácil assim comprar uma arma na África do Sul." Estamos acostumados com cartazes do governo nos avisando sobre isso ou aquilo. Nós desligamos. Aquela campanha publicitária em ambiente público teve impacto. Claro que você não conseguia comprar uma arma nas máquinas, mas ela deixava claro que na África do Sul era tão fácil comprar uma arma quanto comprar um chocolate.

As raízes do choque estão presentes há muito tempo na história da cultura. A verdadeira moeda de nosso tempo não é o tempo; é a atenção. Você precisa da atenção de todos para entregar uma mensagem importante. Ideias novas sempre chocam. Não deixe a reação alheia desencorajá-lo.

"O choque indiscutível, mesmo o nojo, provocado pelo trabalho faz parte de seu atrativo."

Nicholas Serota

Mais? *Mantenha-se ereto e faça o que você disser ser inesquecível, na página 216.*
Menos? *Deixe o pobre Rachmaninov lembrar que às vezes leva mais tempo do que gostaríamos para nossa apreciação, na página 168.*

valorize a obscuridade

Se você sente que está sendo negligenciado, que ninguém está interessado no que você está fazendo, curta o momento. Obscuridade é um lugar criativo: você é livre para experimentar e falhar. Ninguém está vendo. Ninguém tem expectativa. Empreendedores, designers, escritores e artistas aproveitam ao máximo a liberdade que a obscuridade oferece.

Kurt Cobain e sua banda, o Nirvana, produziram o clássico álbum *Nevermind*, que vendeu milhões de discos e é um dos álbuns mais influentes de todos os tempos. Seu legado ainda é tão forte hoje quanto era na época. Sua combinação estranha de rock pesado, melodias grudentas, variações dinâmicas entre barulho e silêncio e a voz crua e cheia de raiva de Cobain soa tão revigorante hoje quanto quando eles gravaram.

O Nirvana era uma banda praticamente desconhecida quando eles gravaram *Nevermind*. Na obscuridade, Cobain se aproveitava da emoção de poder encontrar sua própria voz, de criar uma nova linguagem para conversar com o mundo. Ele experimentava técnicas de guitarra e de vocais só pelo puro prazer de fazer isso. Muitas vezes sem ter onde morar, ele dizia que às vezes dormia debaixo da ponte. Era uma época difícil, mas emocionante. Ele estava descobrindo o que dizer e como dizer. Não havia pressão. Ele tinha todo o tempo de que precisava para experimentar e descobrir quem ele era e o que queria expressar.

Depois que a fama chegou, um exército de pessoas de repente passou a depender de Cobain: os outros integrantes da banda, a gravadora, o empresário, os roadies, os vendedores, os contadores, os jornalistas, os assistentes pessoais e os fãs. Centenas de revistas e emissoras de TV ansiavam por entrevistas. Todos queriam um pedaço dele. Ele rapidamente começou a sentir falta da obscuridade. Antes da camisa de força da fama havia apenas Kurt, somente uma pessoa com quem ele precisava se preocupar. Agora ele havia comprado uma mansão cara e gigantesca com vários cômodos, mas dormia em um motel barato por perto. Ele estava tentando recapturar sua sensação anterior de liberdade. Ele queria desenvolver, experimentar e tentar novas ideias, mas ninguém mais queria isso. Eles queriam outro *Nevermind* e depois outro e depois outro. Cobain percebeu que seu anonimato havia sido precioso.

Obscuridade é uma época para ser saboreada. Se você for sortudo o suficiente para estar na obscuridade, tire o máximo de proveito disso. Se você for um diretor executivo, toda decisão sua será analisada e investigada. Se você está fora do radar, você pode tentar coisas novas e falhar. O sucesso traz o peso da expectativa, e essa pressão pode fazer mais mal do que bem.

"Eu tenho medo de perder minha obscuridade. A genuinidade só sobrevive no escuro. Como aipo."

Aldous Huxley

Se você gosta da obscuridade, você amará o anonimato, na página 211.
Por outro lado, considere fazer parte da história, na página 44.

se algo não precisa ser melhorado, melhore

Martin e Allyson Egbert saíram em busca de um tratamento alternativo para seu filho. Ele nascera com o pé torto, uma rara deformidade congênita que incapacita o pé. O tratamento padrão do final dos anos 1990 parece bárbaro hoje em dia: anos de dolorosas operações que deixavam o pé duro e cheio de cicatrizes. Será que não havia uma forma melhor? Os Egberts ligaram, navegaram na internet, fizeram perguntas e sondaram.

Eles descobriram um tratamento menosprezado que havia sido criado nos anos 1940 pelo doutor Ignacio Ponseti. Ponseti havia estudado a anatomia do pé e desenvolvido uma técnica não cirúrgica que manipulava os pés dos bebês quando eles eram novos e flexíveis e então os colocava num gesso por um certo tempo. Era altamente eficaz e deixava as crianças com pés normais.

Apesar das claras vantagens do Método Ponseti e da evidência clínica inequívoca de sua eficácia, ele encontrou resistência. Uma técnica cirúrgica estava sendo transformada em uma técnica não cirúrgica. Os cirurgiões estavam presos na inércia, argumentando que "sempre fizeram desta forma". Eles queriam manter o prestígio e status vinculado a ser um cirurgião. Os cirurgiões tinham orgulho de suas habilidades e eis que surgia alguém dizendo que a cirurgia não era o melhor remédio. Eles continuavam cortando ligamentos, esticando tendões, abrindo articulações, aparafusando ossos e causando danos irreparáveis. Dezenas de milhares de crianças foram submetidas a operações dolorosas sem necessidade. A situação de Ponsenti é comum quando alguém produz algo inovador: eles são cercados por pessoas que na melhor das hipóteses são resistentes a novas ideias e na pior as ignoram de propósito.

Os Egberts visitaram o aposentado doutor Ponseti e pediram para que ele corrigisse o pé torto de seu bebê. No caminho para casa, eles decidiram começar um site que explicava a técnica para outros pais. Finalmente o Método Ponseti ganhou aceitação e mudou drasticamente milhares de vidas. Foi preciso que alguém de fora da profissão médica visse aquilo claramente para encontrar a melhor forma de fazê-lo.

Busque pelo melhor método quando todos estão satisfeitos com o padrão. As hierarquias mantêm o *quo* mesmo depois que perderam seu *status*. Sempre há um jeito melhor. Nós vivemos aprisionados em métodos prescritos porque é assim que as coisas sempre foram feitas. Nós acompanhamos o normal quando deveríamos estar sempre buscando ampliar e progredir. Você deve sempre desafiar e questionar os métodos que já foram tentados e testados. Sempre há espaço para melhorias, não importa por quanto tempo você vem fazendo a mesma coisa da mesma forma.

"Iteração, como fricção, está mais propensa a gerar calor do que progresso."

George Eliot

... e, se não estiver quebrado, quebre, na página 72.

valorize valores compartilhados

Robert Zimmerman se sentia deslocado do resto do mundo. Ele nasceu na pequena cidade de Hibbing, em Minnesota. Era no meio do nada, dominada pela maior mina de extração de ferro a céu aberto do mundo. Ninguém lá compartilhava o interesse de Zimmerman por música, literatura e arte. Ninguém o entendia. Ele funcionava em isolamento. Ele sabia que precisava sair dali e encontrar outras pessoas criativas, por isso se mudou para Nova York, que estava transbordando de empreendedores, artistas, escritores e músicos. Era um centro cultural, um ponto focal para novas e empolgantes ideias. Em Nova York seus contemporâneos apresentavam influências, compartilhavam descobertas e lhe abriam o mundo – não apenas da música, mas da arte e da poesia. Eles compartilhavam novos acordes ao violão e o apresentaram ao trabalho de poetas de vanguarda que influenciou suas letras. Ele mudou seu nome para Bob Dylan, o que simbolizou seu renascimento. A atmosfera conduziu Dylan a explorar os limites de seus talentos. Ele se sentia mais como ele mesmo do que jamais havia sentido.

Um novo amigo apresentou Dylan à música de Woody Guthrie. O encontro foi uma revelação para Dylan e lhe mostrou o caminho a seguir, fazendo-o perceber que a música folk podia ser um veículo para comunicar os pensamentos e ideias que mais importavam para ele. Ele conseguiu criar algo honesto e que valia a pena. Ele mudou a forma como o mundo percebia os cantores. Antes de Dylan, grandes cantores costumavam ter habilidades de canto tradicional. Ele sozinho inaugurou a era do cantor-compositor. De repente, o que você cantava era mais importante do que como você cantava.

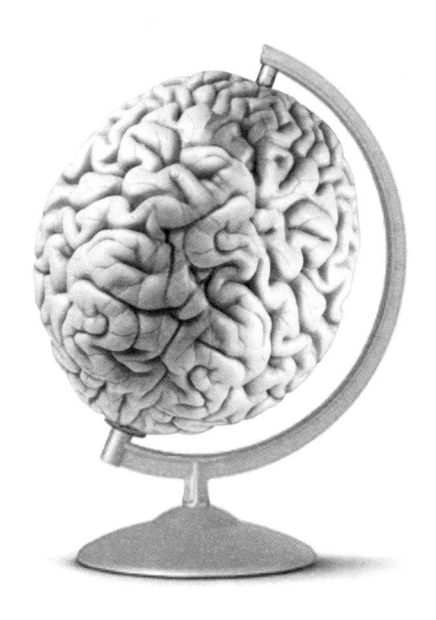

Se não fosse pelos amigos de Sergei Rachmaninov, ele teria desistido cedo de sua carreira. Sua poderosa Sinfonia Nº 1 era odiada tanto pelo público quanto pela crítica quando foi executada pela primeira vez e foi imediatamente considerada um fracasso. A experiência causou um efeito terrível no jovem compositor, destruindo completamente sua confiança. Rachmaninov perdeu completamente a vontade de compor e quase não escreveu nada pelos três anos seguintes. Seus amigos começaram a ajudar sua frágil confiança a voltar à forma original; eles amavam suas obras e queriam ouvir mais. Seu desejo de escrever música voltou e ele começou a trabalhar em seu Concerto para Piano Nº 2. Foi um sucesso e restaurou a confiança no compositor. Mas em todos os anos que se seguiram ele nunca tentou fazer sua primeira sinfonia ser publicada ou executada novamente. Era um desastre que o atormentou até sua morte.

Durante a Segunda Guerra Mundial, a partitura original da Sinfonia Nº 1 foi descoberta por acidente e novamente executada. Dessa vez, ela foi um sucesso extraordinário e se tornou uma das mais respeitadas composições do século XX. Rachmaninov, contudo, não viveu para ver sua glória tardia.

Encontre outros que estão na mesma sintonia que a sua e compartilham seus valores. Se você é um pensador criativo, há a possibilidade de que você esteja desafiando os valores e práticas aceitas pela sua empresa. O problema com empresas é que elas não sabem o que elas sabem. A perícia aprendida e aplicada em uma área não é aplicada em outra.

A forma mais eficaz de criar uma cultura de compartilhamento é começar a praticá-la no nível em que você se encontra. Não importa se você está no alto ou embaixo em uma organização, você pode mudar a cultura. Bill Gates chamava isso de "QI corporativo" – a habilidade que empregados de uma empresa têm de compartilhar conhecimento e criar a partir das ideias dos outros. É o papel do chefe encorajar isso. "O poder não vem do conhecimento armazenado", disse Gates, "mas de conhecimento compartilhado." Mas não fique sentado esperando seu chefe – se sua empresa não está fazendo isso ainda, não espere, comece logo a fazer isso por eles. Compartilhar conhecimento cria sinergia: você ganha mais do que investe.

"Se você tem conhecimento, deixe que outras pessoas acendam velas nele."

Margaret Fuller

Você se sente mais competitivo do que colaborador? *Conheça alguns dos maiores rivais criativos da história, na página 79.*

acenda o fogo da sua mente

Contraste o escritor James Joyce com sua filha Lucia. Os dois eram pessoas difíceis. Joyce escrevia todos os dias, o dia inteiro. Ele despejava suas dificuldades em sua escrita, usando sua arte como uma forma de autoanálise e restauração. Ele era seu próprio terapeuta e se tornou um especialista na forma como sua própria mente funcionava. Nenhum médico poderia diagnosticar e curar seus problemas melhor do que ele mesmo poderia. Escrever estabilizou sua vida. A criatividade permite que nós possamos nos medicar. Joyce viu que Lucia, por sua vez, estava se esvaindo rumo à loucura e valentemente tentou prevenir isso. Ele percebeu que sua carreira na dança não era o suficiente para salvá-la como a escrita o havia salvado. Ele encorajava desesperadamente Lucia a começar a desenhar e, quando desenhar não funcionou, a escrever. Ela não conseguia encontrar o entusiasmo que a preenchesse como havia acontecido com Joyce e finalmente foi internada em um hospício.

Joyce comentava sobre Lucia ter herdado os problemas dele: "Qualquer que seja o brilho ou dom que eu possua, ele foi transmitido para Lucia e ateou fogo em seu cérebro." Joyce usava o fogo em seu cérebro para iluminar o mundo da literatura. Era uma fonte de inspiração e de energia. O fogo de Lucia não encontrou saída, e a queimou. Joyce via oportunidades em suas dificuldades; Lucia via dificuldades em suas oportunidades.

Estar na linha de frente de uma disciplina é empolgante, mas pode deixá-lo exposto ou vulnerável. Nossas ideias mais surpreendentes e nosso senso de realização normalmente aparecem dos nossos problemas mais profundos. A criatividade requer que você estude os cantos escuros da sua mente e chegue às vias de fato com aquilo que encontrar. Uma mente criativa é receptiva e altamente sensível e, portanto, mais exposta a pontos bem baixos, mas também pode alcançar pontos realmente altos. Nossos feitos que mais valem a pena vêm da superação de nossos demônios interiores e de colocá-los para trabalhar. Quanto mais profundo o sentimento, maior a felicidade em transformá-lo em algo que valha a pena. Se não chover, o arco-íris não aparece.

"Nas profundidades do inverno, eu finalmente aprendi que havia em mim um verão invencível."

Albert Camus

Mais? *Seja positivo sobre as negatividades, na página 36.*

descubra como descobrir

Miuccia Prada seguia procurando, mesmo que não soubesse o que buscava. Ela havia vivido muitas vidas diferentes antes de descobrir a moda. Depois de se graduar como PhD em ciências políticas, ela se tornou membro do Partido Comunista e pioneira dos direitos feministas. Depois estudou mímica por cinco anos no Piccolo Teatro e atuou em lugares como o La Scala. Finalmente essas influências foram despejadas em sua grife de moda, dando a Prada mais profundidade e ideais mais ricos do que a maioria das outras marcas.

Com as vendas chegando aos bilhões de dólares, a Prada se tornou uma usina de moda conhecida por seu estilo discreto e clássico. Miuccia Prada era uma estilista de moda por profissão, mas também era curadora de arte, produtora de filmes, arquiteta incipiente, feminista, capitalista e comunista.

Ela criou uma situação em que um grande estilista moderno podia ser uma pessoa poderosa, um produtor de filmes, curador, dono de galeria e para-raios para outros criativos que se sentiam conectados com sua visão de transformação pessoal. As lojas de Miuccia não parecem lojas; elas são mais como espaços culturais onde um filme, uma mostra ou uma performance podem acontecer.

Quando Miuccia começou na moda, ela parecia trivial e vazia em comparação com seus ideais feministas. Mas ela viu que a moda podia ser o primeiro nível de emancipação, uma forma barata de transformar a si própria. "Moda é sobre como nos compomos diariamente", dizia Miuccia. Seus desenhos gritavam: "Quem é você? Ouse descobrir." Eles andam na corda bamba de ser simultaneamente clássicos e revolucionários.

O trabalho e a vida de Miuccia são uma combinação contínua. Ela faz as roupas que quer fazer, roupas que expressam suas visões. Outros estilistas foram tocados, mais do que apenas por seu estilo, por seu pensamento ou atitude, e assim eles espalharam as ideias dela. A maioria dos estilistas emula tendências, mas Prada é a tendência.

Ninguém nasce sabendo o que quer fazer da vida. Muitos descobrem suas paixões por tentativa e erro. No caminho descobrem coisas que são úteis, mesmo que não percebam isso à época. A mídia é cheia de histórias de estrelas que "nasceram" tenistas ou "nasceram" artistas, mas quando você examina suas vidas mais de perto é quase sempre o caso de suas famílias terem forçado vocês a jogar tênis ou a atuar. Para a maioria das pessoas, descobrir o que realmente quer fazer é uma jornada árdua, mas que vale a pena.

Muitos vivem sem rumo. Nossas vidas são caminhos de autodescoberta, uma jornada rumo a nós mesmos. Van Gogh viveu por trinta anos antes de descobrir a pintura. Ele sentia que tinha um propósito, mas não sabia qual era. Quando levou a pintura a sério, foi a primeira vez que ele encontrou uma válvula de escape satisfatória para sua energia nervosa. A pintura lhe deu um entendimento mais profundo de si mesmo.

Nós temos que seguir procurando. Toda experiência importante ajusta nossa perspectiva. Experiência é o que acontece com você. Mas o que você faz com essa experiência é o que importa.

"Eu talvez não tenha ido para onde queria ir, mas acho que acabei onde precisava estar."

Douglas Adams

Mais? *Conheça outro ícone da moda que se recusava a seguir as regras, na página 25.*
Menos? *Descubra o culpado pelo mito do talento divino, na página 18.*

para se destacar,
lute pelo que você acredita

Escreva um manifesto que estabeleça os seus valores, como uma carta de princípios e uma chamada para ação. Um manifesto é um conjunto de padrões para se usar como um guia – sinais para usar como referência caso se sinta perdido. Parte dele pode parecer sem sentido ou contraditória, mas captura o espírito que guia uma pessoa criativa. Escreva bilhetes para você para que se lembre do que importa com mais intensidade e então volte a eles quando achar que está saindo do caminho. Chame de manifesto, de missão pessoal, de painel semântico de lista – tirar tempo para identificar o que você defende vale a pena.

Marinetti escreveu o primeiro manifesto artístico do século XX para os Futuristas. Não era frio e lógico como um manifesto de uma corporação ou de um partido político deveria ser, mas carregava emoção intensa. Era um conjunto aleatório de afirmações que declaravam o futurismo como uma rejeição do passado e uma celebração da velocidade, violência e juventude – as coisas com que eles mais se importavam.

Outras proclamações em manifesto: para o movimento Dada, o Manifesto Dada de 1918 do poeta Tristan Tzara é de uma retórica rompante: "DADA NÃO QUER DIZER NADA." O *Manifeste du surréalisme*, escrito por André Breton em 1924, começava dizendo que "Nós ainda vivemos no reino da lógica". Ele esbraveja contra a supremacia da lógica e vê a liberação do subconsciente como solução.

O designer John Maeda: "Emoção: mais emoções são melhores do que menos." O escritor Leo Tolstoy: "Nada mude em seu estilo de vida mesmo se você se tornar dez vezes mais rico." Mark Rothko,

Adolph Gottlieb e Barnett Newman: "Este mundo de imaginação é livre de fantasias e violentamente oposto ao senso comum."

Depois de pesquisar manifestos de muitas empresas, a única frase que achei interessante ou que valesse a pena estava no da Apple: "Acreditamos em dizer não para milhares de projetos para que nós possamos realmente focar os poucos que são verdadeiramente importantes e significativos para nós."

Desenvolver um conjunto de princípios em que você acredita e constantemente lutar para mantê-los é uma ferramenta inestimável. Manifestos são tradicionalmente declarações públicas, mas todo mundo também pode ter um manifesto pessoal. Não faça uma lista chata de intenções nobres cheia de moralismo. É o meio através do qual seu eu do presente pode se comunicar com o seu eu do futuro. A única forma de se destacar é trabalhar por aquilo em que você acredita.

"O homem quase sempre se torna aquilo em que acredita que é."

Mahatma Gandhi

Conheça os revolucionários conservadores que sabiam melhor do que ninguém no que eles acreditavam, na página 123.

para conseguir algo, não faça nada

O grande autor policial Raymond Chandler separava quatro horas por dia para não fazer nada. Ele explica suas duas regras simples: "A. Você não precisa escrever. B. Você não pode fazer mais nada. O resto acontece sozinho." Ele não se forçava a escrever, mas parava de fazer qualquer outra coisa. Nada de ler, escrever cartas, arrumar as coisas – nada. Ele não podia se distrair. Ele descobriu que se ficasse apenas sentado ali, sem fazer nada, ele começava a escrever só para que o tempo passasse. Sem nada para fazer, sua imaginação viajava e ele pensava em uma história. Ele quase sempre acabava escrevendo por quatro horas completas.

Trabalhar é uma forma perigosa de procrastinação. A criatividade é a coisa mais difícil com que a mente humana tem de lidar. Arrumar, limpar, organizar, responder e-mails, navegar na internet, fazer "pesquisas", reformatar um documento, planejar reuniões, participar de reuniões, organizar reuniões antes das reuniões... Toda outra tarefa parece mais fácil e, portanto, mais sedutora.

Você quer um apartamento arrumado e uma tela em branco ou um apartamento bagunçado e uma tela preenchida? Escrever esse livro me custou dois anos sem passar roupas. Nós sentimos dificuldade em parar, ou apenas não fazer nada, em nossa cultura de funcionar 24 horas por dia, sete dias por semana. Olhe para as pessoas esperando em uma fila e você as verá imediatamente tirar seus celulares e checar seus e-mails e mensagens. Nossa cultura hiperativa acredita que é melhor fazer algo, por mais fútil e inútil, do que não fazer nada.

Muitos escritores preferem escrever em cafés – J.K. Rowling é famosa por ter comentado que "isso me livrava das tentações da internet. Em casa, por outro lado, há um sem-fim de tarefas úteis com as quais consigo me ocupar".

Obrigue-se a não fazer nada. Deixe seus pensamentos assentarem. Às vezes nós precisamos ter paciência. Em vez de procurar, deixe que as coisas cheguem até você. As ideias e soluções estão dentro de nós, mas nós estamos ocupados com outros assuntos cotidianos, mundanos. Estamos olhando na direção errada.

Às vezes, do que mais precisamos é aquilo que mais tentamos evitar. Se você quiser fazer algo criativo, algo original, não faça nada.

"O trabalho que nunca começa é o que mais demora para ser terminado."

J. R. R. Tolkien

Inspirado? *Tente trabalhar nas horas que funcionam para você e nada mais, na página 132, ou atinja o equilíbrio perfeito entre vida e trabalho, na página 214.*

busque na alta e na baixa

Achei que havia visto alguém vandalizando uma escultura de Jeff Koons. Era tarde da noite em Nova York. O homem estava usando o que parecia ser uma bata de cirurgião e um capacete fluorescente laranja. Ele movia-se com gestos irregulares, malucos e intensos. Eu deveria ter sabido, mas não consegui me segurar, fui forçado a intervir.

A escultura de Koons era *Puppy*, um gigantesco cachorro terrier feito de flores. *Puppy* combinava os dois temas sentimentais e adocicados que são flores e cachorrinhos. Koons declarou que esse monstro exagerado era um símbolo de "amor, calor e felicidade". Ele erguia-se doze metros acima de mim. Vinte e três toneladas de solo cobrindo uma estrutura de metal cercado por 70 mil petúnias, begônias e crisântemos vermelhos, laranjas, brancos e rosas. Estava na metade da construção e os trabalhadores haviam deixado o local sem vigias. Chegando mais perto, eu pude ver os olhos agitados e frenéticos do homem que mudava as plantas de lugar com movimentos agitados.

Puppy era a essência da cultura americana, grande, reluzente, colorida, popular – e seriamente maluca. Entusiastas de arte passavam horas cogitando seu significado, outros simplesmente riam e curtiam. Diferente de boa parte da arte contemporânea, ela atingiu os espectadores e eles responderam. Koons usa esculturas kitsch e vulgares para desafiar a estética aceita do gosto da "alta cultura". Ele frequentemente estica e amplifica o kitsch e lixos de mau gosto e os esfrega nos narizes dos patronos do mundo exclusivo da arte. A enorme escala de suas esculturas as torna inevitáveis. Ele levou o kitsch berrante para os museus mais rarefeitos do planeta. *Puppy* agora fica permanentemente do lado de fora do Guggenheim Museum, em Bilbao.

Por sinal, claro que o vândalo maluco era Jeff Koons. Perfeccionista, ele estava trabalhando até tarde, dando atenção aos detalhes. Ele foi amável e receptivo e pediu para que eu colocasse algumas flores.

Pensadores criativos como Koons tiram sarro da ideia de cultura "alta" ou "baixa", "boa" ou "ruim". Eles não consideram que um episódio dos *Simpsons* seja melhor ou pior do que uma peça de Shakespeare. Cada um deles tem suas qualidades. Não veem incompatibilidade em ouvir Jay Z e Mahler logo depois. Se nós desprezarmos a "baixa" cultura, estaremos perdendo uma enorme área da vida. Koons borrou as fronteiras entre o kitsch e a alta arte. O rock and roll começou firmemente na categoria "baixa", mas bandas como Pink Floyd apagaram completamente o muro entre "alta" e "baixa" música.

As expressões "alta cultura" e "'baixa cultura" vêm da ciência populista da frenologia que fez sucesso no final do século XIX. Uma testa "alta" significava inteligência, uma "baixa" queria dizer burrice. A ciência de verdade já desacreditou completamente a frenologia, mas suas ideias persistem. Você não pode pensar criativamente se tiver atitudes elitistas. Esnobismo é uma camisa de força.

Assim como veem o valor de coisas que geralmente não são valorizadas, os pensadores criativos também veem o valor de pessoas que não têm seu valor reconhecido e tentam extrair o potencial de todos, porque sabem que ninguém tem o monopólio da criatividade.

Em 1982, Craig Good não era valorizado pela sociedade. Ele havia feito uma variedade de serviços e agora estava desempregado. Ele se candidatou aos trabalhos de zelador e segurança no departamento de serviços gerais da Pixar. Limpar privadas era a principal tarefa. "Se você quiser aprender muito sobre uma empresa", dizia Good, "ser um faxineiro é uma boa estratégia." A Pixar naquela época ainda era um departamento dentro da Lucasfilm. Eles ofereciam um curso de programação após o expediente para qualquer funcionário. Good se inscreveu e logo foi transferido para a divisão de computadores.

Logo se tornou um artista de câmera da Pixar, um trabalho que manteve por trinta anos. Ele ficou famoso por seu trabalho em *Toy Story*, *Procurando Nemo* e *Monstros S/A*. A carreira de Good era uma prova de que a Pixar valorizava o potencial de todos os seus funcionários, não importava seu cargo.

"Uma das características que fizeram a Pixar, e é muito rara e importante, é que a cultura corporativa reconhecia que as contribuições podiam vir de todos, de qualquer um", disse a vice-presidente da Pixar, Pam Kerwin. A Pixar exibe cada filme que produz algumas vezes para todos na empresa enquanto ainda estão sendo produzidos e pede para qualquer um fazer sugestões. Isso tem o efeito de fazer todos se sentirem valorizados. Para desenvolver um forte espaço de trabalho criativo, as pessoas precisam ficar confortáveis para expressar suas ideias. Muitos empregados da Pixar saíram para começar seus próprios negócios e levaram esta atitude para criar novos produtos revolucionários e equipes fortes. Muitos foram para áreas não ligadas a arte ou design, como manufatura, serviços e vendas; eles provaram que pensar criativamente beneficia qualquer empresa.

Pensadores criativos deixam de lado julgamentos de valor que afetam o resto da sociedade. Eles não acreditam que algo é mesmo inútil só porque todo mundo acha que é. Eles conseguem ver e avaliar mais claramente as coisas a partir de seus próprios valores.

"Nossas atitudes controlam nossas vidas. Atitudes são poderes secretos que trabalham 24 horas por dia, pelo bem e pelo mal. É de vital importância que saibamos como usar e controlar esta enorme força."

Irving Berlin

Inspirado para suspender o julgamento? Ouça o som mais doce de todos, na página 153.

tenha crédito

Houve uma explosão extraordinária de criatividade em Florença durante o início do século XV. Grandes artistas brotavam como flores. Donatello, Ghiberti e Masaccio criaram muitas das maiores obras-primas da história da arte. Isso foi causado por uma mutação bizarra no gene responsável pela criatividade?

Não, foi o dinheiro. Florença era a cidade mais rica da Europa devido ao comércio e à manufatura. Havia uma dúzia de grandes banqueiros, incluindo os Medici, que ganhavam fortunas em juros ao emprestar dinheiro para outros países. Os Medici gastaram quantidades astronômicas de dinheiro com arquitetos e artistas que construíram e decoraram Florença. Patronos abastados bancavam todas as grandes obras de arte. Artistas voavam para Florença como abelhas rumo ao mel. As sementes da Renascença foram plantadas e floresceram, criando a civilização como a conhecemos.

A criatividade floresce onde há dinheiro. Dinheiro não é inimigo dos pensadores criativos e sim amigo; não é um problema e sim uma oportunidade. A mente criativa precisa focar criatividade; preocupações financeiras são no melhor caso uma distração e no pior um peso sufocante. Pesquisas mostram que o tamanho das telas de Van Gogh variava de acordo com a proporção de suas finanças. Falta de dinheiro literalmente encolhia suas pinturas. Mais de cinco mil artistas e escritores americanos, entre eles Mark Rothko, Jackson Pollock, Ben Shahn e Jack Kerouac, se beneficiaram do governo americano despejando dinheiro no Federal Art Project – um projeto para promover a cultura americana durante a Segunda Guerra Mundial. Artistas, escritores e músicos eram financiados por dois anos, o que lhes dava tempo e espaço para se desenvolver e achar suas vozes. O nascimento dos Young British Artists, em Londres, nos anos 1980, foi principalmente devido ao generoso desenvolvimento da coleção de arte de Charles Saatchi – que por sua vez foi financiado pelo boom de lucro da publicidade. A Holanda foi a nação europeia mais rica do século XVII e viu a era de ouro da pintura holandesa com Frans Hals, Vermeer, Jan Steen e Rembrandt. A história da arte é inseparável da história do dinheiro.

Há aqueles que trabalham para ganhar dinheiro e aqueles que trabalham porque seu trabalho é o que eles amam fazer. Uma das funções dos ricos é financiar a criatividade. Com seu dinheiro eles podem comprar pinturas, carros, casas, iates, ingressos de teatro, música – tudo produzido por pessoas criativas. Eles financiam os criativos e permitem que continuem seus trabalhos.

Artistas normalmente são recatados ao discutir dinheiro porque não parece legal. Mas a riqueza facilita. Ela torna as coisas possíveis. É combustível para a criatividade. "Quando ouço a palavra 'cultura', saco meu talão de cheques", brincava um personagem no filme *O desprezo*, de Jean-Luc Godard. Preocupar-se com dinheiro são tempo e esforço desperdiçados. Eu nunca conheci escritores, artistas ou pessoas criativas bem-sucedidas que não fossem bons em gerir suas finanças ou que não tivessem contratado alguém para fazê-lo.

"Dinheiro é melhor que pobreza apenas por motivos financeiros."
Woody Allen

Sentindo o aperto? *Aprenda a prosperar numa recessão, na página 259.*

minere sua mente

Muitas das melhores ideias de empreendedores vêm para eles em seus sonhos. A Elias Howe é creditada a invenção da máquina de costura moderna, que tem sido um sucesso surpreendente graças à sua inovação de colocar o olho da agulha direto na ponta.

Os familiares de Howe explicaram como ele teve a ideia. Em suas primeiras tentativas, ele deixava o olho da agulha na ponta convencional, mas não funcionava. Até que ele sonhou que havia sido ordenado a fazer uma máquina de costura por um rei cruel de um país estranho. O rei lhe deu 24 horas para fazê-lo ou ele seria executado. Ele lutou com o olho da agulha, mas, como na vida real, não conseguia fazer funcionar. Ele foi levado para ser executado e notou que os soldados tinham lanças que eram furadas próximo às pontas. A solução se apresentou sozinha. O inventor implorou por uma nova oportunidade. Naquele instante ele acordou. Eram quatro horas da manhã. Ele saltou da cama, correu para sua oficina e criou uma agulha com o olho na ponta.

No livro *On Creativity and the Unconscious*, Sigmund Freud analisou a mente criativa. Freud acreditava que crianças costumam brincar para expressar criatividade e imaginação; compartilham sentimentos livremente com os outros e representam fantasias sem vergonha. Adultos se tornam responsáveis e sérios, e substituem a brincadeira pelo devaneio. Os sonhos são um valioso caminho para ideias e soluções práticas.

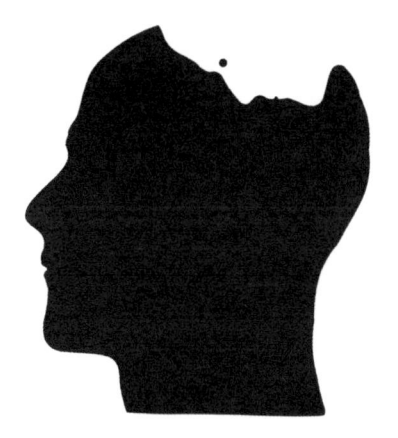

Quando um empregado está de pé no bebedouro do escritório sonhando acordado, talvez essa seja a coisa mais importante que ele fez durante o dia. Muitas pessoas criativas sonharam com seus produtos e serviços. O subconsciente é uma fonte reconhecida de criatividade e inspiração; ele nos libera dos limites de nossa mente lógica e prática. Grandes pensadores criativos acreditam que olhar profundamente para as engrenagens de suas mentes revela o único e o inusitado – mas temos que escavar para encontrar. Nossas mentes conscientes estão muito ocupadas e preocupadas com tarefas do dia a dia para notar as grandes ideias.

Quando nossa mente consciente está desligada – porque estamos dirigindo, tomando banho ou o que quer que seja –, as ideias de repente borbulham rumo à superfície. Quando não estamos tentando pensar, a porta da gaiola se abre e nossas mentes voam para direções imprevisíveis e quase sempre pousam na solução de forma inesperada. Salvador Dalí havia sonhado com uma mão coberta por centenas de formigas rastejantes. O diretor de cinema Luis Buñuel sonhou com uma nuvem cortando a lua como uma lâmina atravessando um olho. Os dois juntaram suas ideias no filme chamado *Um cão andaluz* e criaram uma das imagens mais memoráveis do cinema. Richard Wagner sonhou com o prelúdio de *Das Rheingold*. *As aventuras de Alice no País das Maravilhas* é uma jornada de Lewis Carroll rumo ao seu inconsciente.

Durante o sono nossa mente mergulha no inconsciente. Nosso subconsciente continua a ponderar sobre questões ou problemas que nossa mente consciente vem trabalhando, mesmo quando não percebemos. A vantagem é que, no subconsciente, a racionalidade não censura ideias incomuns ou irracionais. Ideias que seriam rejeitadas pela mente lógica como sendo muito estranhas passam a ter uma chance para crescer. Sua mente consciente segue as regras que você aprendeu; seus pensamentos são lineares e amarrados a linhas familiares e previsíveis. Na mente inconsciente, as ideias bizarras podem ser exploradas e podem levar a soluções especiais.

Todos nós sonhamos. É algo que acontece naturalmente e não pode ser evitado. Nossa mente divaga para todos os lugares. Você precisa tirar vantagem das ideias e conceitos que você poderia encontrar quando explora seu subconsciente. Tente deixar pensamentos práticos e lógicos de lado e cavar um pouco mais profundamente por um tempo. As ideias criativas por que você está procurando estão nadando sob a superfície de sua mente. Você precisa encontrar formas de trazê-las para a superfície. Quanto mais você mergulha, mais irá descobrir.

"O mundo precisa de sonhadores e o mundo precisa de fazedores. Mas, acima de tudo, o mundo precisa de sonhadores que fazem."
Sarah Ban Breathnach

Sentindo-se sonhador? *Siga Hans Christian Andersen e saia de sua mente, na página 266.*
Já teve sua boa ideia? *Dê-lhe vida, na página 101.*

espere pela decepção

Quando Beethoven era jovem, ele lutava para ganhar dinheiro como músico, casar-se e levar uma vida normal. Quando finalmente alcançou o sucesso, no final de seus vinte anos, ele começou a perder a audição. Foi o fundo do poço. Ele afundou-se em uma profunda depressão. Em uma carta declarou: "Os mais belos anos da minha vida devem se passar sem que eu atinja o potencial do meu talento e minhas forças." Seis meses depois, Beethoven decidiu que "não! Eu não posso tolerar. Vou pegar o destino pela goela; ele não me vencerá totalmente". E assim começou sua ascensão ao auge de seus feitos.

Beethoven superou o obstáculo de sua surdez total e a transformou em uma força positiva. Ele encontrou uma forma de compor músicas dolorosamente belas. A adversidade apresentou-o a ele mesmo. Ele teve que aceitar sua raiva e frustração. Sua música transmite essas autorreflexão e autoconsciência; ele usava suas composições para chegar a um maior entendimento sobre si mesmo. A música de Beethoven foi uma força curativa para ele, e por sua vez nos ajuda a curar nossas feridas.

As obras de Beethoven são autobiográficas e exploram sua vida turbulenta. Elas falam conosco de forma universal e positiva. Sua impressionante sonata para piano "Opus 110" é sobre superar a surdez. Beethoven nos assegura de que mesmo quando tudo desaba nós temos a "Sonata ao luar". Se você está tendo pensamentos pesados, há a "Nona sinfonia". Há a luta e o triunfo da "Quinta sinfonia" e a vencedora "Sinfonia heroica". Música e, em particular, o piano eram sua voz, através da qual ele nos conta sua autobiografia. Beethoven nos assegura de que ele superou seus obstáculos e nós também podemos superá-los.

Quando você estiver na pior, quando tudo que puder dar errado der errado, aceite que aí é o melhor lugar para começar. Aprendemos mais com decepções do que com sucessos. Cada obstáculo que superamos fortalece nossa confiança para superar outros. Quando nós respondemos construtivamente às grandes crises, nossa força interior aparece. A dor pode ser inevitável, todos teremos experiências de perda e desgosto, mas grandes pessoas criativas como Beethoven nos mostram que sofrer é opcional.

Há a hora de aceitar as cartas que você tem à mão e a hora de lutar contra elas. As coisas sempre parecem melhorar para aqueles que fazem o melhor a partir da forma como as coisas aconteceram. Beethoven superou o aparente obstáculo intransponível da surdez e se recusou a deixar que ela o destruísse. Uma pessoa criativa sempre tem suas ideias, ambições, paixões e lembranças para apoiá-la.

"Todo azar é um degrau para a sorte."
Henry David Thoreau

Sentindo-se restringido? *Torne isso uma vantagem, na página 269.*

pense com os sentimentos

Um professor distribuiu palitos de dente e ervilhas ressecadas e pediu para que a turma fizesse prédios em miniatura. As crianças fizeram cubos porque eram o que elas estavam acostumadas a ver nas ruas. Um menino com um problema severo de visão, contudo, tinha apenas o tato para se basear, descobriu que o triângulo (ou tetraedro) parecia bem mais sólido e estável do que os frágeis quadrados. Ele rapidamente construiu treliças complexas. Graças à força do triângulo como formato, suas estruturas eram bem maiores e mais elegantes que as de seus colegas de classe. O professor ficou impressionado e chamou as outras crianças para ver aquela construção única. O garoto ficou espantado com a surpresa deles – parecia natural para ele. Sua péssima visão prevenia que visse as linhas retas das molduras das casas, janelas e portas que nos cercam. Por isso ele usou o tato e atingiu melhores resultados.

Vinte anos depois, o garoto se tornou um homem e desenvolveu sua estrutura da infância em belos e graciosos domos geodésicos. Baseada na mais simples forma geométrica, é uma estrutura incrivelmente forte que não tem apoios internos e pode criar espaços gigantescos. É facilmente construída e transportada e é muito econômica. Agora há centenas de milhares delas em todo o mundo.

O garoto era Buckminster Fuller e ele se tornou um revolucionário arquiteto, designer e inventor norte-americano. O incidente ocorrido quando Fuller estava no jardim de infância ilustra os benefícios de perceber o mundo de uma forma diferente. Sua visão era – literalmente – radicalmente diferente da de todo mundo.

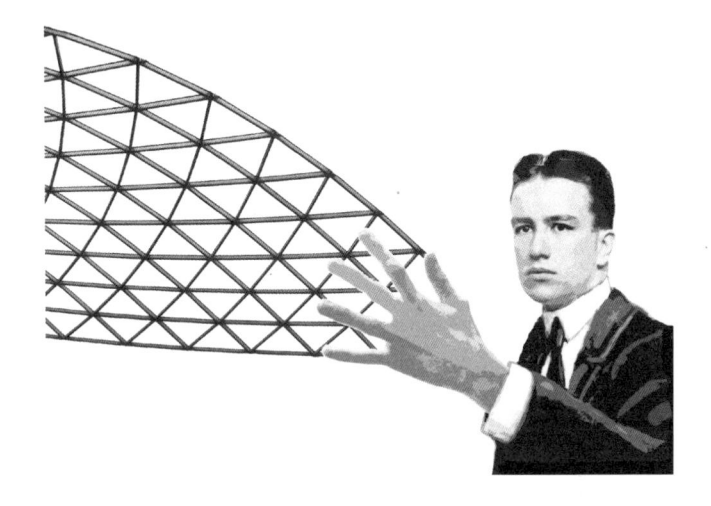

Acreditamos que pensar é a solução. Estamos focados em pensar uma forma de sair de um problema, em como lidar com isso ou aquilo e em como sair dessa. Usamos *think tanks* e *brainstorms*. Nossa cultura coloca uma enorme ênfase no pensamento e negligencia nossos sentidos. Pensar pode ser uma armadilha. A maior parte de nossas ideias e conhecimentos foi herdada de nossa cultura, escolas e pais. Nos ensinam como pensar e no que pensar, mas qualquer pessoa criativa irá lhe dizer que isso só nos leva até um determinado ponto. Pensar é essencial, mas só usamos isso em detrimento de outras percepções.

Muitas pessoas criativas acham que, para ser uma versão autêntica de si mesmas, elas precisam pensar com seus sentidos. Nossas mentes nos enganam, mas nossos sentimentos são confiáveis. Nós somos treinados para escolher o respeitável, o socialmente aceitável e o rumo bem trilhado por onde todo mundo já passou. Em vez disso, escolha o caminho que parece certo para você.

"Melhor sem lógica do que sem sentimento."

Charlotte Brontë

Ainda pensando demais? *Tente se contradizer, na página 227.*

traga caos à ordem

O Museu Guggenheim, em Bilbao, na Espanha, é cheio de surpresas. Suas paredes externas são revestidas de telhas de titânio, que criam um sentimento leve e furta-cor. Os clipes de fixação fazem uma marca rasa em cada fina telha, que dá à superfície uma aparência ondulada e etérea que lembra escamas de peixe. Por dentro, as formas complexas que rodopiam sobre o teto alto de quase 50 metros do átrio são uma revelação. Ao lado, a luz é difundida através de pedaços de vidro nas paredes vacilantes, projetando sombras assombrosas, que mudam constantemente. O prédio é como um acidente de carro – e digo isso como um elogio. As áreas distorcidas e deslocadas criam contrastes dinâmicos e inusitados. O metal colide contra a pedra, o artificial esmaga o natural, e formas flutuantes fatiam formas rígidas angulares. O Guggenheim é uma ótima propaganda para os benefícios do caos sobre a ordem. Apenas andar por ele já é empolgante e energizante.

Frank Gehry é um dos grandes visionários da arquitetura. Inventivo e irreverente, suas formas retorcidas quebram as convenções do design de edifícios. As estruturas brincalhonas e sensuais de Gehry sempre provocam controvérsia. A maior parte de seu trabalho está dentro do estilo do desconstrutivismo, caracterizado por imprevisibilidade, caos e fragmentação. O Guggenheim foi um design audaz que chacoalhou as bases da arquitetura. Foi inaugurado em 1997 e aclamado como sendo o maior e mais magnífico edifício de sua época. O Guggenheim foi um sucesso dramático e seu impacto cultural e econômico na antes desconhecida cidade espanhola foi imenso.

O sucesso do Guggenheim vem da insistência de Gehry de que a visão do arquiteto deve ser dominante durante o processo de construção. A visão artística é quase sempre colocada de lado durante o processo de construção de um prédio, e a praticidade torna-se dominante. Com o Guggenheim não havia compromisso. A indústria da construção põe pressão nos arquitetos para que forneçam plantas completas de um edifício; Gehry ignorou esta convenção. A precisão e o detalhe de desenhos práticos destroem a criatividade. O arquiteto tem de pensar de forma prática. O pensamento prático produz algo previsível e convencional. Empreiteiros contratados para construir o Guggenheim receberam apenas a pequena maquete de Gehry. Eles tinham que calcular as medidas a partir do modelo do arquiteto. Isso deu origem a imprecisões – das quais Gehry gostou. Não ter planos detalhados fez o processo de construção caótico. Os empreiteiros tinham que resolver as coisas por si mesmos e desenvolver formas completamente novas de construção. É por isso que o Guggenheim é um ambiente tão maravilhoso, com curvas e voltas caóticas que continuamente o mantêm surpreso e encantado.

Por quê, portanto, nossa cultura é tão obcecada com a ordem? Muitos prédios urbanos dos últimos sessenta anos foram construídos sob as regras rígidas do austero movimento Bauhaus, com sua ênfase na racionalidade e funcionalidade. Nós estamos cercados por cidades geométricas e desumanas de caixas e quadrados. Essas paisagens urbanas fazem as pessoas se comportar como máquinas, indo de prédios em forma de caixa para cômodos em forma de caixa onde elas guardam seus pertences em caixas. Nossos escritórios e estúdios afetam a forma como nós nos comportamos. Esta ortodoxia da ordem esmaga nossos espíritos criativos.

Arredores metódicos nos forçam a pensar de forma metódica. O pensamento criativo é o pensamento não convencional e floresce em um ambiente desorganizado. Uma pesquisa feita em 2013 por Vohs, Redden e Rahinel, da Escola de Administração Carlson, da Universidade de Minnesota, descobriu que participantes que trabalham em um cômodo desordenado produzem soluções mais criativas do que aqueles que trabalham em cômodos arrumados e asseados.

O que é verdade em uma obra-prima da arquitetura na Espanha também é verdade em um local de trabalho. Isso dá na cara da sabedoria convencional, mas um escritório ou estúdio caótico é mais produtivo. Organizações caóticas são mais criativas do que as organizadas. Desconfie da ideia de que você é que deve buscar a ordem. A ordem nos restringe e nos limita.

"Se uma mesa de trabalho bagunçada é sinal de uma mente bagunçada, então uma mesa de trabalho vazia é sinal de quê?"
Albert Einstein

Inspirado? *Tente improvisar sua saída de um problema, na página 245.*
Sem inspiração? *Conheça um método levemente mais metódico, na página 241.*

pegue o que precisa

Um estudante da Universidade de Stanford descobriu os contos de John Cheever. Ele decidiu datilografá-los palavra por palavra, página a página. Ele entrou no papel de Cheever e sentiu como se tivesse "escrito" os contos. Assim como Da Vinci dissecou um coração para entender como ele funcionava, o estudante estava tentando entrar na mente de Cheever. Ele acabou se tornando o prolífico escritor de ficção Ethan Canin; há quatro filmes de Hollywood inspirados em suas histórias. "É interessante porque você aprende coisas", explica Canin. "Algo simples em relação a Cheever é que seus parágrafos são bem mais longos do que os seus podem ser. Suas frases são mais longas. Ele vai muito além do que eu iria." Ao "forçar mais longe", Canin aprendeu a ser mais extremo em sua escrita. Ele aprendeu com a técnica de Cheever e depois aprendeu com a mente de Cheever – como ele pensava sobre as coisas. Canin não conseguiu emulá-lo com precisão, no entanto. Humanos não são máquinas de fotocópia. Onde ele falhou em copiar Cheever corretamente foi onde ele começou a ser original. Era onde ele era diferente. Era a diferença que ele ampliava. Você pode pegar farinha emprestada, mas você tem que assar o seu próprio pão.

Copiar, como exercício, não é o mesmo que plágio. Seria plágio assinar a pintura de outra pessoa ou fingir que fez o trabalho de outra pessoa. Todo mundo tem influências. O motivo de os grandes artistas se aproximarem geograficamente é que assim eles podem aprender uns com os outros. Jacques Lipchitz explica: "Eu me lembro do dia em que Juan Gris me falou sobre um cacho de uvas que ele havia visto em uma pintura de Picasso. No dia seguinte essas uvas apareceram em uma pintura de Gris, desta vez em uma bacia; no dia seguinte, a bacia apareceu numa pintura de Picasso."

Muitas pessoas têm a vontade de criar, mas não têm nada a dizer. Elas não têm nenhuma ideia e, mesmo que tivessem, não saberiam como expressá-las. Então, para começar, elas copiam os trabalhos de outras pessoas criativas. Por que não? É um ponto de partida. A cópia é mal compreendida pelas pessoas que não são criativas. Muitos dos nossos comportamentos vêm de observar e emular os outros, dentre eles habilidades fundamentais como andar e falar. Mais tarde, praticamos o que o psicólogo Albert Bandura chama de "modelagem". É mais provável que fumemos se nossos amigos fumarem, mais provável que comamos demais se nossos amigos comerem demais. Você se torna aquele que você imita. Por isso escolha cuidadosamente os pensadores criativos que quer emular.

Um dos segredos de ser criativo é analisar e ganhar um entendimento em relação ao gênio dos outros, e então reaproveitá-lo para seus próprios propósitos. Rembrandt era um aprendiz, mas ele pode produzir pinturas inteiramente originais. Ele aprendeu com os mestres, e então sua visão única surgiu. Quando você vir uma obra de arte que admira, disseque-a cientificamente e descubra exatamente o que a torna grande. É o estilo? O conceito? A personalidade do criador? Você precisa pegar ideias e técnicas de todos os lugares, sem pudor.

"O acaso favorece a mente conectada."

Steven Johnson

Faminto pela polinização cruzada? *Tente a página 252.* ***Prefere ir atrás de algo completamente original?*** *Surpreenda-se com sua própria história, na página 145.*

faça e refaça

O compositor e letrista Stephen Sondheim tinha um fracasso nas mãos. Quando seu musical *Merrily We Roll Along* estreou na Broadway, os críticos o destruíram e ele teve apenas dezesseis apresentações. Foi um choque para ele: ele havia escrito muitos grandes musicais, incluindo *Amor sublime amor*, e ganhado Oscars, Grammys – pense em qualquer prêmio de teatro e ele já o ganhou. Pois como foi que ele lidou com um fracasso?

Sondheim trabalhou de novo e de novo em *Merrily We Roll Again*. Com o passar dos anos, o musical foi reencenado com várias canções descartadas e substituídas por novas versões. Sondheim acreditava no musical, certo de sua habilidade, certo de sua ideia original, mas apto a questionar e desconstruir as partes que não funcionavam para o público. Finalmente ele estreou em Londres e depois de novo na Broadway, recebendo resenhas extasiadas, décadas depois de sua primeira aparição desastrosa.

A primeira faísca de inspiração sempre precisa de trabalho e revisão. Ernest Hemingway explicava: "Reescrevi o final de *Adeus às armas*, a última página, 39 vezes até que ficasse satisfeito." Quer dizer que ele descartou 38 capítulos. Ele constantemente passava a faca em seu trabalho e o reconstruía. Os criativos gostam do processo de revisão – para tirar o excesso de palavras, de argila ou de notas até que o ritmo e o fraseado de sua obra ronronem como um motor bem engrenado. Muitos pedem ajuda em seus processos de revisão. T. S. Eliot recrutou Ezra Pound para lhe dar um extensivo retorno sobre seu mais importante poema, *Terra desolada*. No manuscrito original, Pound havia escrito inúmeros comentários, como "verso não interessante o suficiente". Sem a ajuda de Pound, ele nunca teria se tornado um clássico.

Muitas versões iniciais de um trabalho precisam ser descartadas antes que possam chegar a uma forma coerente. Quando o fechamento da impressão se aproximava, J.R.R. Tolkien, autor de *O Senhor dos Anéis*, revisava, reconsiderava e polia intensamente seu manuscrito. Tolkien reescreveu tão completamente que muitas novas ideias apareceram, e o editor, que esperava um texto terminado, recebeu em seu lugar um rascunho de um trabalho completamente novo. D. H. Lawrence reescreveu *O amante de Lady Chatterley* do começo ao fim três vezes antes de estar pronto para publicar. Da mesma forma, a grande obra-prima de Picasso, a enorme pintura a óleo *Guernica*, é apresentada como um raio vindo do nada, um brilho de inspiração. A lenda conta que Picasso ouviu o bombardeio da pequena cidade de Guernica durante a Guerra Civil Espanhola e pintou uma resposta instintiva: um relato visual do impacto devastador e caótico da guerra sobre homens e mulheres, especificamente na vida civil e nas comunidades. O que é menos conhecido é que Picasso produziu 45 rascunhos preliminares de *Guernica* antes mesmo de começar a pintar. Fotos de arquivo da pintura em progresso revelam inúmeras camadas de ajustes e mudanças radicais; o produto final levou semanas para ser pintado.

Artistas, escritores e outras pessoas criativas quase sempre falam de encontrar o que querem dizer no processo de tentar dizer. Os primeiros rascunhos dos trabalhos de compositores, escritores e artistas são realmente reveladores porque quase sempre expõem as alterações sísmicas que foram feitas. Esteja preparado para repensar e revisar constantemente.

"Você pode não escrever bem todos os dias, mas sempre pode editar uma página ruim. Você não pode é editar uma página em branco."

Jodi Picoult

Mais? *Conheça um quarteto que exemplifica os méritos de trabalhar pesado para parecer tranquilo, na página 32.*
Menos? *Corte para a página 67.*

seja curioso em relação à curiosidade

Eric Blair escolheu ser preso para que pudesse passar o Natal na cadeia. Ele estava curioso para ver como seria. Infelizmente, as autoridades não consideraram seu mau comportamento sério o suficiente e o soltaram. Blair estava fascinado pelo modo como viviam as pessoas da outra ponta do espectro social. Ele nasceu em uma família de classe alta, rica e de elite, e foi educado em Eton. De repente, começou a vestir roupas e sapatos esfarrapados e a morar nas ruas de Londres e Paris entre mendigos e desabrigados. Ler sobre a pobreza não era o suficiente para ele; ele queria experimentar aquilo por conta própria. Ele não carregava dinheiro sobressalente para emergências ou usava camadas de roupas como proteção contra o frio congelante. Ele queria a sensação autêntica da fome, do frio e do desespero.

As experiências de Blair foram registradas no livro *Na pior em Paris e Londres*, experiências vívidas de lugares e personagens que ele encontrou vivendo às margens. Apesar de descrever a miséria e a degradação com detalhes, o resultado é fascinante e revelador. Ele expõe histórias de vida extraordinárias, bem como a desenvoltura e a resiliência das pessoas descartadas pela sociedade. Ele desafiou seus preconceitos, cultivou sua curiosidade e descobriu o equivalente a anos de inspiração para textos e romances. Ele mudou seu nome para George Orwell para que seus pais e amigos não ficassem constrangidos por suas proezas e, depois, escreveu alguns dos maiores clássicos do século, como *Vinte*, como *1984* e *A revolução dos bichos*.

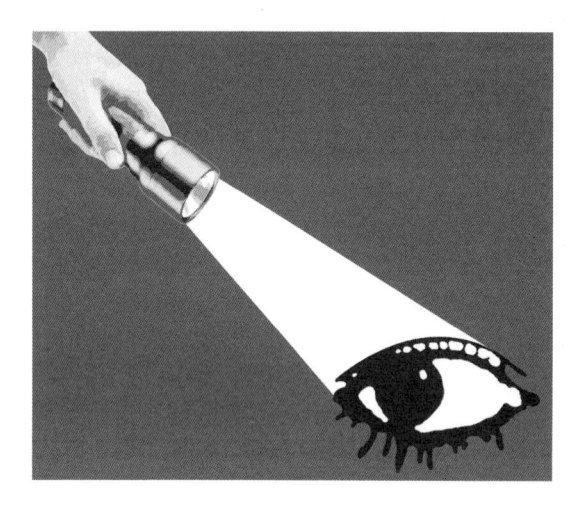

O futuro pertence aos curiosos. A curiosidade nos faz vivos e nos preenche com admiração e vontade de buscar. Nós descobrimos mundos ocultos. Nossas imaginações são incendiadas. A curiosidade é o motor do feito. É o que nos guia para seguir questionando, seguir descobrindo e continuar a descobrir novos territórios. Como Einstein notadamente disse: "Eu não tenho nenhum talento especial. Só sou intensamente curioso."

As pessoas curiosas buscam pela realidade por trás da fachada, pelo que está acontecendo de verdade nos bastidores. Elas fazem questões difíceis. Albert Einstein explicou ainda mais: "O importante é não parar de perguntar. A curiosidade tem sua própria razão para existir. Não dá para não ficar encantado quando se contemplam os mistérios da eternidade, da vida, da maravilhosa estrutura da realidade. É o suficiente se cada um tentar apenas compreender um pouco deste mistério todo dia." Pesquisar um assunto é importante, mas os criativos pesquisam com criatividade. Nós podemos decidir ser curiosos. Nós podemos reconhecer a necessidade disso e acalentá-la. A curiosidade refresca pontos de vista estagnados e cria novas perspectivas.

"A cura para o tédio é a curiosidade. Não há cura para a curiosidade."

Dorothy Parker

Curiosidade não satisfeita? *Tente se projetar no futuro, na página 262.*

torne-se anônimo

Quando J.K. Rowling se tornou a autora com mais livros vendidos no planeta, ela chocou o mundo literário ao revelar que *O chamado do cuco* era uma obra sua, escrita sob o pseudônimo de Robert Galbraith. Rowling disse: "Eu esperava manter esse segredo por mais tempo, porque me tornar Robert Galbraith foi uma experiência muito libertadora." Agatha Christie escreveu 66 romances de detetive bem-sucedidos usando seu próprio nome. Ela também escreveu seis livros de romance assinando como Mary Westmacott. Christie queria explorar outro gênero sem que a bagagem de sua reputação lhe pesasse. Muitos romancistas querem experimentar novos gêneros. John Banville atingiu reconhecimento como um autor sério ao ganhar o Man Booker Prize em 2005, mas também escreve romances policiais como Benjamin Black para mascarar sua identidade. Julian Barnes, outro escritor vencedor do Man Booker, escreve livros de suspense sob o nome de Dan Kavanagh. Um pseudônimo lhes dá toda a liberdade para escrever sem os grilhões de suas reputações e uma oportunidade para explorar gêneros que geralmente não são levados a sério.

Robert Towne é um roteirista lendário de Hollywood. Ele trabalhou nos bastidores de clássicos como *Bonnie & Clyde* e *O poderoso chefão*, pelos quais não ganhou nenhum crédito. Ele foi mentor de Jeremy Larner, que ganhou o Oscar por ter escrito *O candidato*. "Eu não poderia tê-lo escrito sem ele", afirmou Larner. Às vezes, Towne era contratado para escrever um roteiro pelo qual sabia que levaria crédito; semanas e meses se passavam sem que o roteiro se materializasse. Se Towne estivesse trabalhando sob anonimato, trabalharia livre e rapidamente. Se sabia que ia levar o crédito por um roteiro, sofria um bloqueio criativo. Ele reescrevia e reescrevia, mas o roteiro nunca chegava a uma conclusão. Até que lhe davam uma data-limite. Ele não conseguia mantê-la e quase sempre era descartado do projeto. Depois de trabalhar por anos em um filme chamado *Greystoke: A lenda de Tarzan, O rei da selva*, Towne se desiludiu e deu o crédito do roteiro para seu cachorro, P. H. Vazak. Vazak foi o primeiro cão indicado ao Oscar de melhor roteiro.

Às vezes é bom deixar seu ego em uma caixa sob a cama. Há liberdade em ser ninguém. Nós vivemos em uma cultura onde todo mundo é obcecado por levar crédito por todas as pequenas coisas que fazem. Muitos escritores têm escrito livros sob pseudônimos para conseguir ter uma liberdade de experimentar e errar. Eles não querem o crédito por escrevê-los – eles simplesmente gostam de escrever.

Se não somos responsabilizados por algo, trabalhamos com liberdade. Experimentamos de uma forma que normalmente não teríamos coragem. Às vezes nossos egos entram no caminho e nos amarram. Trabalhar no anonimato o libertará das expectativas dos outros, mas, mais importante, o libertará das suas expectativas.

"É o anônimo que anda pelas ruas e sente o que acontece por aqui, sente o pulso do povo, que pode criar."

Cyndi Lauper

O ego ainda o incomoda? Saia de si na página 266 ou se lembre dos prazeres da obscuridade, na página 162.

atinja o equilíbrio perfeito entre vida e trabalho

A forma de atingir o perfeito equilíbrio entre vida e trabalho é não trabalhar. Se seu trabalho e sua vida estão em compartimentos separados, é porque tem algo errado. Grandes pintores, poetas, dançarinos, artistas, empresários e pessoas criativas escolhem um estilo de vida e depois descobrem como viverão daquilo. Eles escolhem uma forma de vida que os satisfaça mais do que as expectativas da sociedade. Quando estão escrevendo, pintando, dançando ou o que for, eles estão sendo eles mesmos de forma verdadeira e não gostariam de fazer outra coisa.

Hunter S. Thompson, porta-voz da geração beat, queria passar sua vida escrevendo. Então conseguiu seu ganha-pão através do jornalismo e escrevendo livros como *Medo e delírio em Las Vegas*. Thompson nunca foi rico, mas também nunca foi pobre, e viveu o estilo de vida adequado a ele. Ele atingiu seu potencial como escritor. Depois que morreu, foi realizada uma cerimônia em que suas cinzas foram expelidas por um canhão. Ele literalmente saiu dessa com uma explosão.

Hunter S. Thompson rabiscou este conselho para um amigo: "Pelo que vejo, a fórmula é mais ou menos assim: um homem deve escolher um caminho que permita que suas habilidades funcionem no máximo da eficiência para a gratificação de seus desejos." Ele continua: "Resumindo, não é preciso dedicar-se a atingir um objetivo preestabelecido, mas ele deve, sim, escolher uma forma de viver de que sabe que gostará." Thompson atingiu essas ambições. Às vezes ele tinha que ralar para ganhar a vida no jornalismo, mas estava escrevendo aquilo em que acreditava e isso era o que mais importava.

O trabalho e a vida da pessoa criativa são um só, inseparáveis. Eles são seu trabalho. Não há "equilíbrio" porque eles estão fundidos. Uma vez que sua vida e seu trabalho caminham em rumos separados, você está destinado a um estilo de vida esquizofrênico. Se você prefere o feriado a ir trabalhar, deve mudar sua vida agora.

"Se você estiver interessado em 'equilibrar' trabalho e prazer, pare de tentar equilibrá-los. Em vez disso, torne seu trabalho mais prazeroso."

Donald Trump

Inspirado? *Tente mudar o relógio do seu corpo ao mesmo tempo, na página 132.*

torne inesquecível o que disser

O celebrado fisiólogo Giles Brindley criou uma forma original de transmitir suas ideias. O público nunca esquecerá sua palestra na reunião da Associação Americana de Urologia em Las Vegas, em 1983. Ela causou um impacto que palestrantes convencionais levariam anos para atingir. O *New York Times* declarou que o espetáculo de Brindley era o começo de "uma segunda revolução sexual". A palestra de Brindley foi citada como a catalisadora da revolução que aconteceu a seguir e do surgimento do Viagra uma década depois.

A fala de Brindley aconteceu logo antes de um jantar formal para um público de doutores de terno bastante pomposos e de suas esposas em vestidos de baile. Brindley explicou sua teoria: era possível injetar substâncias químicas no pênis para provocar uma ereção. Na época, pouco se sabia sobre a fisiologia erétil. O Viagra e a época em que políticos e lendas do futebol falam casualmente sobre suas experiências com disfunção erétil ainda estavam há anos de distância.

Na ausência de animais-modelos mais adequados, Brindley experimentou em si mesmo. Ele mostrou imagens de seu próprio pênis em vários estágios de intumescência – para a grande surpresa do público. Ele explicou que foi um método tão eficaz que uma única dose deixou rijo por horas um homem impotente.

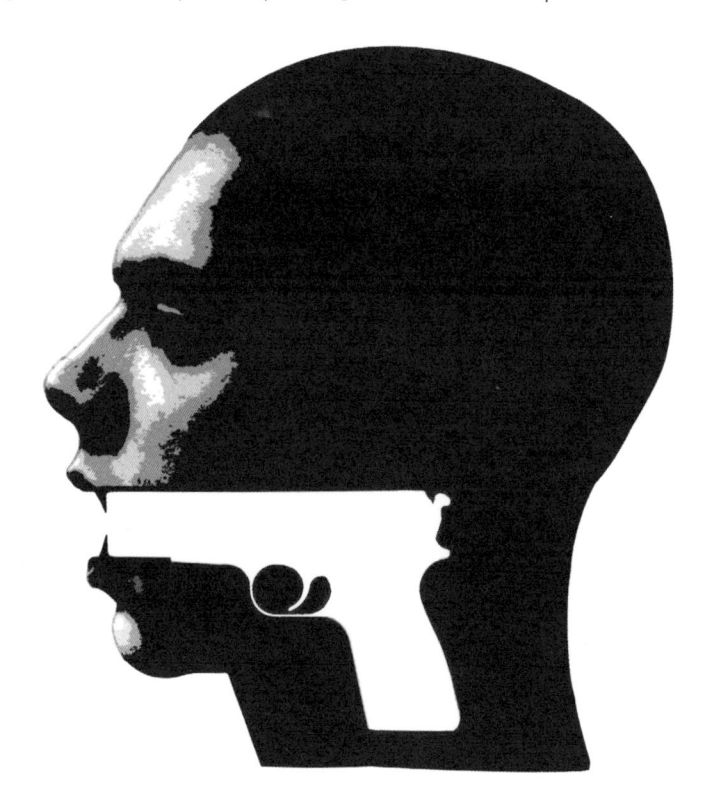

Brindley estava preocupado que céticos talvez questionassem se houve estímulo erótico para atingir os resultados. O professor queria defender seu argumento da forma mais convincente possível; por isso ele havia injetado o produto em si mesmo pouco antes da palestra. Ele explicou que ninguém acharia a experiência de dar uma palestra para um grande público eroticamente estimulante e então baixou as calças para mostrar seu pênis claramente ereto. Não houve um som no lugar. Todo mundo parou de respirar. Brindley então disse: "Eu gostaria de dar a oportunidade para alguém do público confirmar o grau de intumescência." Ele se aproximou da primeira fila de uma plateia horrorizada. As mulheres nas filas da frente ergueram os braços no ar e gritaram alto. Os gritos pareceram chocar o professor Brindley (que depois foi nomeado cavaleiro da coroa britânica por suas pesquisas em bioengenharia), que rapidamente subiu as calças, voltou ao pódio e encerrou a palestra. A multidão se dispersou em um estado de silêncio chocado.

O impacto da palestra de Brindley mudou o curso da saúde masculina para sempre. Era um conceito revolucionário. Ele provou que uma ereção poderia acontecer sem nenhuma excitação emocional ou erótica; que poderia ser atingida de forma puramente física. Mais importante ainda, ele encontrou uma forma criativa de causar impacto no mundo médico.

Um pensador original é um explorador de novos horizontes, uma fonte de inspiração. Ele encontra uma forma de comunicar uma ideia que se torna impossível de esquecer. Ele é criativo até na transmissão de sua mensagem. Se você tem uma ideia interessante, é importante que as pessoas se lembrem dela. As pessoas que mudaram nosso pensamento são aquelas que falam e escrevem com sinceridade e com a coragem de ser simplesmente elas mesmas. É ter a coragem de caminhar rumo a uma nova fronteira sem um mapa.

"Assim que algo se torna memorável, está vivo e você usa. Isso para mim é a fundação da sociedade criativa."

Yo-Yo Ma

Mais? Aprenda a ser tão chato quanto Jonathan Swift, na página 250.

Menos? Veja o lado ruim da nudez em audiências públicas, na página 57.

não experimente,
seja um experimento

Os Beatles se tornaram a força cultural mais influente de sua era por seguir um princípio: experimentação constante. Eles procuravam novos métodos para fazer música, exploravam constantemente novos territórios musicais em cada álbum, e as descrições de como eles trabalhavam no estúdio de gravação fazem parecer que era um laboratório de som. Mais fundamentalmente, eles reinventaram continuamente sua música ao injetar novas influências. Paul McCartney explicava sua filosofia de gravação: "Nós dizíamos: 'Vamos tentar. Só pra gente. Se ficar ruim, tudo bem, deixa pra lá. Mas pode ficar bom.' Nós estávamos sempre tentando mais: mais alto, mais longe, mais longo, mais diferente." Eles experimentaram misturar vários gêneros ao mesmo tempo. Eles foram a primeira banda de rock a usar microfonia em "I Feel Fine", a cítara e a música indiana em *Revolver*, um quarteto de cordas em "Yesterday". Os Beatles amavam tecnologia: eles duplicavam os instrumentos artificialmente, colocavam o microfone bem perto dos instrumentos acústicos, usavam *samples*, ligavam os instrumentos direto na mesa de som, sincronizavam fitas e tocavam fitas de trás pra frente. Todos esses experimentos acrescentavam múltiplas dimensões ao seu trabalho e o faziam ser tão profundamente dividido em camadas.

A razão pela qual Lennon e McCartney são a colaboração musical mais bem-sucedida da história é porque eles brincavam constantemente com formas de melhorar as canções um do outro. Ocasionalmente, duas canções incompletas que cada um havia produzido individualmente eram somadas para criar uma canção completa (por exemplo, "A Day in the Life"). Às vezes um dos dois acrescentava oito compassos de canção no meio do verso e do refrão do outro. Lennon chamava isso de "escrita olho no olho". Criava uma atmosfera em que eles se sentiam à vontade para adicionar todo tipo de ideias experimentais nas músicas uns dos outros. Quando você ouve as fitas com eles no estúdio, eles estão sempre acrescentando piadas, letras ultrajantes e sons estranhos às músicas básicas do outro.

A chave para pensar de forma experimental é permitir que a mente contemple ideias ultrajantes. Requer um enorme esforço. Aplique julgamentos sobre praticidade, legalidade e ética só no final. Nós somos ensinados por nossa cultura para deixar logo de lado ideias novas e aparentemente ridículas para ganhar tempo e pensar logicamente. Nós temos que suprimir essa vontade; todos nós fazíamos isso naturalmente quando éramos jovens, mas parecemos perder isso quando ficamos velhos.

É mais interessante ser experimental e fracassar do que jogar no certo e ser bem-sucedido. Quando eu era estudante no Royal College of Art, o aluno que trabalhava perto de mim encontrou uma velha pintura num pedaço de papel no fundo de uma gaveta. Ele gostou de partes dela. Então, cortou-a em pedaços e os colou em um novo arranjo que era muito mais interessante do que o original. Olhei aquilo bem de perto. Eu podia ver os fragmentos do original espalhados pela composição. Apontei que os fragmentos eram a assinatura de um aluno anterior, "David Hockney". Eu nunca vi alguém ficar tão branco. O aluno havia transformado uma velha pintura em algo melhor, mas reduziu seu valor de dezenas de milhares de libras a nada. Moral da história? Às vezes há um lado ruim na experimentação: nem todos os experimentos são bem-sucedidos. Para entrar em uma mentalidade experimental, você deve aceitar que acontecerão várias tentativas infrutíferas, até mesmo desastres. Não há como saber o que funcionará e o que não funcionará, mas todo experimento falho lhe ensinará algo novo.

Todos nós somos confrontados por problemas, mas uma abordagem experimental pode levar a soluções únicas e originais. Pensadores criativos imaginam seus escritórios, estúdios ou locais de trabalho como um lugar para experimentar, um laboratório. Organizações criativas praticam experimentos constantes para manter sua mentalidade atualizada.

É da natureza dos experimentos que às vezes eles deem errado. Se você está tentando novas coisas, elas talvez possam não funcionar. Mas se as coisas estão fluindo muito tranquilas é sinal de que você não está experimentando o suficiente.

"Eu sempre fui mais interessado no experimento do que no resultado."

Orson Welles

Concorda? *Quebre algo que está funcionando, na página 72.*
Discorda? *Melhore algo que não precise de melhorias, na página 165.*

pare de perder oportunidades

Quantas oportunidades você já perdeu? Perdi a conta do número de pessoas que eu conheço que tiveram uma e não aproveitaram. Foram *blasé*. Achavam que outra viria, e depois outra e outra. Mas não veio. Elas tiveram uma chance e a deixaram passar. Em retrospecto, elas se arrependem amargamente. Oportunidades são quase sempre raras e fugazes.

O grande ator, diretor e produtor de Hollywood Warren Beatty foi indicado quinze vezes para o Oscar durante sua carreira, e uma vez ganhou o prêmio de Melhor Diretor. Seu papel mais famoso foi o de Clyde Barrow em *Bonnie e Clyde – Uma rajada de balas*. Em 1964 ele quis produzir um filme que pudesse estrelar. Sua ideia se tornou *O que é que há, gatinha?*. Era uma comédia sobre um conhecido mulherengo que queria ser fiel à sua namorada, mas era continuamente tentado por mulheres que se apaixonavam por ele.

Beatty achou um produtor e eles começaram a fazer o roteiro. Eles logo perceberam que precisavam de alguém para escrever boas piadas. Em uma casa noturna de Nova York chamada The Bitter End, viram um jovem humorista chamado Woody Allen se apresentando ao vivo. Ele era engraçado e lhe ofereceram 30 mil dólares por semana para que ele acrescentasse algumas piadas ao roteiro. Allen tentou pedir 40 mil por semana. "Não" foi a resposta. Ele disse que toparia por 30 mil dólares se tivesse uma pequena ponta no filme. Eles concordaram.

Allen foi trabalhar. Rascunho após rascunho, Beatty percebeu que seu papel estava ficando menor enquanto o desconhecido Allen crescia. Allen continuou crescendo seu personagem enquanto o de Beatty encolhia e ficava cada vez menor. Finalmente, Beatty saiu do projeto, enfurecido. *O que é que há, gatinha?* tornou-se um grande sucesso. Daquele momento em diante, Allen se tornou uma importante figura de primeiro escalão em Hollywood, garantindo que teria completo controle sobre seu trabalho. Ele extraiu o máximo de sua oportunidade. Ele talvez nunca tivesse outra. Era uma pequena oportunidade que ele tornou grande. Ele seguiu em projetos de filmes cada vez maiores.

Eu conheço muitos artistas que tiveram a oportunidade de fazer sua primeira exposição individual – sua grande chance! –, mas discutiram com o dono da galeria sobre algum pequeno detalhe contratual, e o negócio desabou. Eles nunca tiveram a oportunidade de fazer outra exposição. Eu conheço escritores que queriam um adiantamento um pouco maior do que a editora estava oferecendo. Eles rejeitaram e foi o único contrato editorial que lhes foi oferecido. Era sua grande chance. Eles achavam que outras apareceriam, mas não apareceram. Eles sumiram no ostracismo. Se você não é ninguém, não é uma boa ideia ser um ninguém difícil. Quando você é alguém, você pode ser alguém difícil. Mesmo assim, provavelmente não é sensato.

Quando lhe derem uma oportunidade, agarre-a e veja para onde ela pode levá-lo, mesmo que você não tenha nenhuma ideia de como fará para que ela funcione. Diga "sim" e depois veja como realizar. Aproveite a ocasião quando a ocasião chegar.

"Um dos segredos do sucesso na vida de um homem é estar pronto para sua oportunidade quando ela chegar."
Benjamin Disraeli

Não consegue ver nenhuma oportunidade que valha a pena?
Crie sua própria, na página 29, ou espere uma crise, na página 259.

entre mais em contradição

"Só se é produtivo ao custo de ser rico em contradições", disse Friedrich Nietzsche. Pesquisas entre pensadores criativos têm revelado que eles têm personalidades cheias de contradições. O eminente psicólogo Mihaly Csikszentmihalyi descobriu que pessoas criativas "contêm extremos contraditórios; em vez de ser um indivíduo, cada um deles é uma multidão".

O pintor inglês Francis Bacon era um exemplo fascinante de como traços de personalidade conflituosos são essenciais para produzir grande arte. Bacon era um gigante da arte do século XX que capturava as ansiedades e a energia frenética do século com brutalidade e ternura. Suas pinturas violentas são reverenciadas e odiadas com a mesma intensidade.

De muitas formas, as pinturas de Bacon são indecisas. São retratos, mas as pessoas neles estão quase sempre irreconhecíveis. Elas vão de áreas abstratas a passagens figurativas. Elas quase sempre são chamadas de "estudos" porque Bacon não conseguia decidir se ele as tinha terminado ou não.

Psicólogos usam extroversão e introversão como os traços de personalidade mais estáveis para medir as pessoas. Eles não conseguem fazer isso com indivíduos criativos porque exibem ambos os traços simultaneamente, tendendo a ser tanto extrovertidos como introvertidos, às vezes o centro da atenção, às vezes observadores nas beiradas. De novo, Bacon exemplifica esse paradoxo. Ele frequentava o Colony Room, um bar exclusivo no Soho, em Londres, que era um ímã para os aspirantes criativos da capital. Saindo com amigos, às vezes me encontrava nesse glorioso inferninho. Bacon normalmente estava no centro do palco, no meio da festa, mas só depois de ter passado incontáveis horas solitárias em seu estúdio. Ele frequentemente mudava da extroversão para a introversão.

Bacon exibia outra contradição clássica dos pensadores criativos: ele era simultaneamente rebelde e conservador. Ele estava profundamente imerso nas tradições e na história da pintura; usava óleo sobre tela, pintava basicamente retratos e colocava suas pinturas em enormes molduras douradas. Ainda assim, ele desafiava as tradições. Pintava no lado "errado" da tela, aplicava a tinta com tampas de lixeira e pedaços de pano em vez de pincéis, e o assunto de suas peças era chocante e ultrajante.

É impossível ser criativo sem ter um profundo entendimento de uma área da cultura, mas uma pessoa criativa precisa ser rebelde e iconoclasta para romper com a segurança da tradição e fazer algo diferente. Como Georges Bataille afirmava: "Acredito que a verdade tenha apenas uma face: aquela de uma contradição violenta."

Francis Bacon era intensamente passional em relação ao seu trabalho, ainda que ao mesmo tempo fosse altamente objetivo. Ele era capaz de estar totalmente imerso em uma pintura por horas e dias e de repente se tornar objetivo e desprendido a ponto de cortar e destruir pinturas precárias com uma faca. Sem paixão, nós logo abandonamos tarefas mais difíceis. Ainda que objetivamente ninguém possa acessar nossos trabalhos.

A personalidade de Bacon continha inúmeras contradições; entre elas o fato de ele ser brincalhão ao mesmo tempo em que era altamente disciplinado e humilde, apesar de arrogante. Sua admiração por Rembrandt e Van Gogh lhe garantia uma perspectiva modesta sobre sua própria contribuição. Ainda assim, ele desmerecia e humilhava pintores que considerava de terceiro escalão.

Suas pinturas são consideradas obras-primas, pois refletem as contradições de sua mente. Ele pintava carne humana ferida com selvageria – com sensibilidade. Uma área dolorosamente trabalhada em tinta era então atacada por um borrifo jogado de forma selvagem. Seu pincel era tenro e brutal. A maioria de suas obras continha uma área de preto intenso contra branco puro. Esses contrastes criam tensão e excitação. São as contradições dentro de sua mente e, portanto, em suas pinturas que as tornam grande arte.

Apesar de elas deixarem alguns perplexos e frustrados, as contradições são um elemento indissociável da criatividade. Há uma pressão em nossa cultura para que deixemos claro aquilo que defendemos, que tomemos uma decisão e a mantenhamos firme. Mudar de ideia é praticamente uma ofensa criminosa. O resultado é um pensamento rígido. O que vale para indivíduos também vale para organizações. "É muito perigoso se todo mundo em uma empresa começar a pensar da mesma forma", disse Michael Dell, presidente e diretor-executivo da Dell Inc. Ele encoraja seus funcionários a atacar problemas a partir de perspectivas diferentes. A mente criativa precisa conter múltiplas perspectivas de forma simultânea. Contradizer-se é um sinal de que você está transbordando de possibilidades.

"Só idiotas não se contradizem três vezes ao dia."
Friedrich Nietzsche

Perfeccionista? *Planeje sofrer mais acidentes, na página 117.*
Muita coisa para fazer? *Pausa para irreflexão, na página 114.*

leve piadas mais a sério

Muitas pessoas criativas bem-sucedidas não começam com grandes visões de dominação mundial, mas com uma piada. Quando Mark Zuckerberg ajudou a criar o Facebook, ele não estava tentando criar uma empresa global; ele estava entregando-se ao humor subversivo. O Facebook foi desenvolvido para que seus amigos estudantes de Harvard selecionassem a pessoa mais bonita a partir de uma escolha de fotos. Ele causou ultraje e foi banido pela universidade, mas fez tanto sucesso que travou os servidores da instituição.

Muitas das pinturas de Andy Warhol começaram como uma piada. Ele produziu uma série de pinturas em *silkscreen* de notas de dólar em filas e colunas: uma piada irônica sobre o valor da arte. Colecionadores pagaram milhões de dólares por poucos dólares.

Uma piada que lançou uma revolução artística foi a *Fonte*, de Marcel Duchamp. Ela se tornou uma das obras mais influentes do século XX. Por uma taxa de seis dólares, qualquer artista poderia inscrever obras para uma exposição apresentada pela Society of Independent Artists. Como uma piada, Duchamp enviou um mictório de porcelana que havia comprado em uma loja de encanamentos de Nova York com a assinatura "R. MUTT 1917" (o nome do fabricante) e o batizou de *Fonte*. A obra nunca foi colocada à mostra; os curadores se recusaram a mostrá-la – mas sua inscrição causou tumulto. Era arte ou não? A *Fonte* foi jogada fora. Esquecida. Uma foto era o único registro do objeto original. A chave de seu sucesso foi que a foto foi reproduzida em uma revista de arte de vanguarda, acompanhada por um artigo que eloquentemente explicava o conceito de "ready-made". Isso deu um pontapé na história. A reputação da *Fonte* cresceu. Foi reproduzida em vários livros e revistas de arte. Colecionadores clamavam para comprá-la por causa de sua fama; por isso, Duchamp decidiu recriá-la. Havia um problema, no entanto: o fabricante havia parado de produzi-la. Duchamp teve de contratar um artesão para fazer uma réplica exata "à mão" da fotografia – uma deliciosa ironia.

Humor é um processo de mudança de padrões. Uma piada é engraçada porque provoca uma "mudança de perspectiva" de um padrão familiar para um novo, inusitado. É este momento de surpresa e compreensão que dispara o riso. Duchamp não esperava que a *Fonte* se tornasse uma peça central na história da arte moderna. Ele estava brincando com a reverência da Society of Independent Artists por habilidades artísticas tradicionais. Naquela época, o público esperava que uma obra de arte fosse algo como uma escultura em bronze de mulheres nuas, não um mictório. Se Duchamp achasse que a *Fonte* seria uma obra-prima, ele não a teria jogado fora. Só quando o mundo da arte começou a levar a piada a sério foi que ele também começou a levá-la a sério. Estimulado pelo sucesso inusitado da *Fonte*, Duchamp começou uma forma de arte conhecida como "ready-made", um objeto comum que o artista selecionava e às vezes modificava. Duchamp os via como um antídoto à arte tradicional, feita à mão. Simplesmente ao escolher um objeto, ele o transformava em arte.

O formato de uma piada convencional é que o ouvinte é conduzido por um caminho familiar, "razoável". Enquanto caminham por esta estrada familiar, o mote final de repente os conduz para uma estrada diferente, inusitada. Criatividade diz respeito a produzir o inusitado e ver as coisas a partir de uma nova perspectiva. O humor pode ser instrumental ao mudar esta expectativa.

Muitas vezes nos sentimos ansiosos, ocupados, assediados e tentando parecer produtivos no trabalho. É quase impossível ser criativo nessa circunstância. Também não ajuda o fato de que nossa sociedade acredita que você não pode estar trabalhando direito se está se divertindo. Em vez de sermos sufocados por uma mentalidade séria, precisamos mesmo é de humor. Humor é uma chave que abre a porta para o pensamento contraintuitivo e subversivo. Se você chegou a um impasse e está preso em um problema, ele pode guiá-lo a uma perspectiva nova e instigar um *insight* ou esclarecimento.

"Só aqueles que são capazes de ser bobos podem ser chamados de verdadeiramente inteligentes."

Christopher Isherwood

Inspirado? *Seja maduro o suficiente para ser infantil, na página 96.*

veja além do horizonte

Algumas pessoas criativas são visionárias. É algo inato ou é uma técnica? "Ver além do horizonte ajuda", disse o empresário Ted Turner. A maioria das pessoas está muito preocupada com o presente para olhar tão adiante.

Por que Ted Turner é tido como um empresário visionário? Nos anos 1970, Turner podia ver que a jornada tradicional de trabalho, de nove às cinco, era obsoleta. Horas de trabalho estavam se tornando mais flexíveis. Isso entrava em conflito com a programação de TV; as emissoras programavam rigidamente seus telejornais para as seis da tarde e as dez da noite. A ideia de Turner foi um canal de notícias 24 horas chamado CNN, que qualquer um poderia assistir a qualquer hora. A CNN cobria as notícias no mundo todo à medida que elas aconteciam. Diferentemente do conteúdo altamente editado e cuidadosamente apresentado dos principais canais, a CNN era ao vivo, bruta e imediata. Eventos como a greve do sindicato polonês Solidariedade, o levante da Praça da Paz na China e a Guerra do Golfo, em 1991, eram disparados diretamente para as salas de estar. Os repórteres não tinham fôlego nem roteiro. Ted Turner revolucionou a reportagem de notícias e deu uma bela mão na criação da "aldeia global". A CNN se tornou o canal de notícias com distribuição internacional mais ampla do mundo.

Turner leu um artigo sobre satélites de comunicação e percebeu que poderia usar um satélite para atingir toda a América do Norte e rivalizar com as emissoras de TV estabelecidas. Ele foi visionário no sentido de que tentou entender quais mudanças iriam ocorrer na área e certificou-se de que as implementaria primeiro.

Depois do suicídio de seu pai, em 1963, Turner assumiu o pequeno negócio de outdoors da família, salvando-o da falência e o virando do avesso. Turner aplicou seu processo revolucionário à indústria de propaganda em outdoors, ao negócio dos restaurantes, à televisão e aos esportes profissionais. Ele viu seus futuros e os trouxe para o presente – cada uma das vezes criando negócios multimilionários que lhe permitiam dar mais de um bilhão de dólares à caridade.

"Numa manhã, ao despertar de sonhos inquietantes, Gregor Samsa deu por si na cama transformado num gigantesco inseto." Esta é a frase de abertura do clássico *A metamorfose*, de Franz Kafka, publicado pela primeira vez em 1915. Gregor se viu transformado de repente em um inseto gigante. Ele não sabe como ou por quê; ele simplesmente acorda e vê o mundo absurdamente diferente – um clássico cenário de Kafka.

Kafka é considerado um escritor visionário, anos à frente de seu tempo. Sua visão se tornou um adjetivo, "kafkaniano", um termo que descreve um mundo austero onde as pessoas passam por provações por nenhum motivo e lutam contra autoridades obscuras. Kafka trabalhava em uma seguradora. Ele via a complicada burocracia da qual era uma pequena parte e tentou prever para onde aquilo iria. Suas histórias anteciparam a ascensão do totalitarismo e o Holocausto. Ele podia ver as sementes do que estava por vir sendo plantadas ao seu redor e simplesmente as imaginou levadas ao extremo.

Keith Haring era um artista visionário, cujas imagens são uma linguagem visual do século XX instantaneamente reconhecível. Na School of Visual Arts de Nova York, no início dos anos 1980, ele estudava desenho, pintura, escultura e história da arte. Ele desenvolveu um uso fluido da linha. Seu estilo distinto era inspirado em ícones fortes e gráficos como corações, mãos e um "bebê radiante" que quase sempre se misturavam a padrões abstratos para criar composições cheias e densas.

Haring procurou pelas sementes do próximo movimento artístico importante, que havia emergido das galerias do centro antes de se espalhar para o resto da cidade. Ele trabalhou como assistente na Tony Shafrazi Gallery e ganhou um conhecimento exclusivo das novas tendências. As galerias do centro começaram a expor artistas de grafite que estavam surgindo nas ruas e metrôs, mas o trabalho era repetitivo – letras com cores berrantes. Todo artista de grafite tinha o mesmo estilo. Haring viu sua chance. Ele alinhou-se ao movimento, mas seu traço grosso e preto e uso de imagens simbólicas se destacaram. Ele fez uma exposição individual na Tony Shafrazi Gallery e logo depois entrou para a história da arte.

Visionários não têm visões literais; eles simplesmente tentam definir quais provavelmente serão os próximos desenvolvimentos em sua área e os implementam antes dos outros. A maioria das pessoas está muito preocupada lidando de forma míope com eventos do dia a dia para erguer suas cabeças e olhar para além do horizonte.

"Um visionário é alguém que pode ver o futuro ou que acha que pode ver o futuro. No meu caso, eu o utilizo e dá certo. Isso não vem de sonhos nem de visões, mas de conhecer o mercado e conhecer o mundo e conhecer bem as pessoas e saber onde elas estarão amanhã."

Leonard Lauder

Sim? *Olhe para o futuro, na página 252.*
Não? *Viva o aqui e o agora, na página 107.*

vá do A ao B pelo Z

Lagostas se escondem em frestas e cantos nas pedras do litoral. Às vezes elas ficam presas e não conseguem se mover. Elas não morrem porque conseguem arrastar comida para suas bocas ao criar turbulência nas águas com suas garras. Elas literalmente crescem dentro da pedra. Vale perguntar de vez em quando se isso não aconteceu com você.

Eu passei para meus alunos da Central Saint Martins, na University of the Arts London, a tarefa de encontrar um mapa da região, desenhar um círculo ao redor de um copo no mapa e então segui-lo. Eles saíram às ruas e seguiram a linha sem desviar. Isso os levou a partes da cidade que eles nunca haviam visto. Eles bateram em portas e persuadiram moradores a conduzi-los por um passeio por suas casas e escritórios. Às vezes eu fazia isso ficar mais difícil ao pedir que os alunos levassem um sofá junto com eles. Isso mudava a perspectiva deles em relação à cidade. Eles encontravam pessoas que normalmente não encontrariam, olhavam por dentro de prédios que normalmente estão fechados para eles. Outras coisas que fizeram incluem jogar futebol com três times ao mesmo tempo ou usar o mapa de Paris para guiá-los por Nova York.

Todos nós desenvolvemos hábitos. Andamos pelo mesmo caminho para o metrô, lemos o mesmo jornal e ligamos o mesmo computador – como robôs. Nós nos pegamos agindo de forma automática. Paramos de ter consciência sobre o que estamos fazendo, mas para pensar criativamente tem de se estar constantemente consciente. Consciência significa que, não importa o que você esteja fazendo, você está no momento e percebe completamente o que está fazendo. Falta de consciência quer dizer que você não está aberto a possibilidades – você está perdendo oportunidades.

Guy Debord foi pioneiro em uma nova forma de perceber o mundo chamada psicogeografia. Seu propósito era sacudir as pessoas em relação a uma nova consciência sobre seus arredores. Acordá-las. Psicogeógrafos imaginavam situações que rompiam com o comum e o normal para chacoalhar as pessoas, mudando suas formas costumeiras de pensar e agir. O psicogeógrafo encontra formas diferentes de viajar e exige que você se reconecte com a jornada, que você finja que não conhece a sua cidade, as ruas e os prédios. Somos incitados a olhar mais profundamente, com olhos renovados, e agir com consciência elevada.

Um dos meus exemplos favoritos de psicogeografia não teve esta intenção. Em *The Art of Looking Sideways*, Alan Fletcher conta a história de um explorador norte-americano que morreu no Polo Norte. Seus parentes pagaram uma grande quantidade de dinheiro para um inuíte trazer o corpo. O inuíte nunca havia saído do Ártico antes. Então, depois que ele entregou o corpo decidiu que gastaria o dinheiro viajando pelos Estados Unidos. No entanto, ele não falava inglês. Assim, nas estações de trem, para comprar uma passagem, ele simplesmente repetia, som por som, o que o viajante à sua frente havia dito quando comprou sua passagem. O esquimó atravessou os Estados Unidos aleatoriamente. Finalmente, o dinheiro acabou em uma pequena cidade no estado de Ohio. Ele viveu ali pelo resto de sua vida.

Se você sempre pegar o mesmo rumo, você saberá onde está, mas se perderá de si mesmo. Se fizer sempre as mesmas coisas do mesmo jeito, você vai ter sempre os mesmos resultados. Em qualquer local de trabalho é fácil cair na armadilha de fazer as mesmas coisas de sempre do mesmo jeito de sempre e acabar com os mesmos resultados. Mudar é bom, mesmo se for apenas mudar as escrivaninhas ou a máquina de xerox de lugar. Crescer dói e mudar dói, mas nada dói mais do que ficar no lugar errado. Quanto mais frequentemente você fizer a mesma coisa do mesmo jeito, mais difícil fica considerar fazer de outra forma. Há uma época em que todos nós precisamos ir do A ao B pelo Z – mas vamos por Júpiter.

"Criatividade é a derrota do hábito pela originalidade."
Arthur Koestler

Descubra o que George Eliot tem a dizer sobre repetição, na página 165.

mergulhe-se

Você já teve que solucionar um quebra-cabeça multidimensional de egos e problemas técnicos em um ambiente veloz sem perder sua visão criativa? É possível se você usar o método certo.

Estive próximo a um diretor de cinema num set de filmagem. Não consigo imaginar um trabalho mais estressante. Havia um fluxo constante de pessoas perguntando: "Como eu ilumino isso?", "Como devo dizer esta frase?", "Dou um close ou um take mais longo?" Eles davam respostas precisas ao elenco e à equipe de câmeras, assistentes, engenheiros de luz, designers de produção, artistas de maquiagem… Sempre dentro do orçamento. Eles começavam às sete da manhã e normalmente trabalhavam vinte horas em uma atmosfera de pandemônio total. Acrescente isso à pressão que, se o filme fracassar, talvez nunca haja outro. Às vezes eles até escrevem seus próprios roteiros, editam ou atuam em seus filmes.

O diretor Peter Bogdanovich sempre tinha respostas para a enxurrada de perguntas porque ele podia consultar seu conhecimento enciclopédico sobre cinema. Ele usava fichas catalográficas para registrar dados importantes e sua avaliação pessoal sobre todo filme que via; entre os doze e trinta anos ele acumulou 5.316 fichas.

Ele assistia de seis a oito filmes por semana. Ele assistiu a seus favoritos, como *Cidadão Kane*, o filme que o inspirou a ser diretor, inúmeras vezes. Ele conseguiu um emprego como programador de filmes para o Museum of Modern Art, depois escrevendo sobre cinema para a revista *Esquire*. Quando entrevistava diretores, eles ficavam impressionados com seu conhecimento sobre seus filmes. Bogdanovich podia recitar todos os créditos, lembrar-se de cada corte e movimentos de câmera. Eles gostavam dele, e ele ficou amigo dos diretores mais famosos da época. Ele costumava ir à Times Square assistir a cinco filmes por dia, voltar então para casa e assistir a outros na televisão. Numa exibição, um figurão de Hollywood que havia ficado impressionado com seus textos para a *Esquire* lhe ofereceu o cargo de diretor-assistente em seu próximo filme. Deu certo, e isso o levou a dirigir seus próprios filmes. Sempre que um problema surgia no set, ele conseguia resolver a partir da inspiração formal e técnica que ele havia reunido em seus anos gastos estudando filmes.

Seu marcante filme *A última sessão de cinema* foi indicado para oito Oscars em 1972. O filme parecia novo e velho ao mesmo tempo porque Bogdanovich filmou em preto e branco quando o padrão já era em cores. Ele usava longos takes em vez de recortar as cenas mais importantes, resultado de ter estudado *Cidadão Kane* por horas. *A última sessão de cinema* quebrou paradigmas com sua trilha sonora. Músicas de época tocavam em rádios, *jukeboxes* e gramofones dentro do filme, o que foi feito mil vezes desde então, mas nunca com tanta sutileza.

É uma lição mergulhar em cada aspecto de seu interesse. Saber tudo que há para saber. Se você trabalha em finanças, ciência, educação ou outra coisa completamente diferente, leia todos os livros e revistas, vá a todas as palestras, pesquise seu assunto de todas as formas que você pode imaginar. Quando houver uma crise, você terá uma piscina de conhecimento para mergulhar.

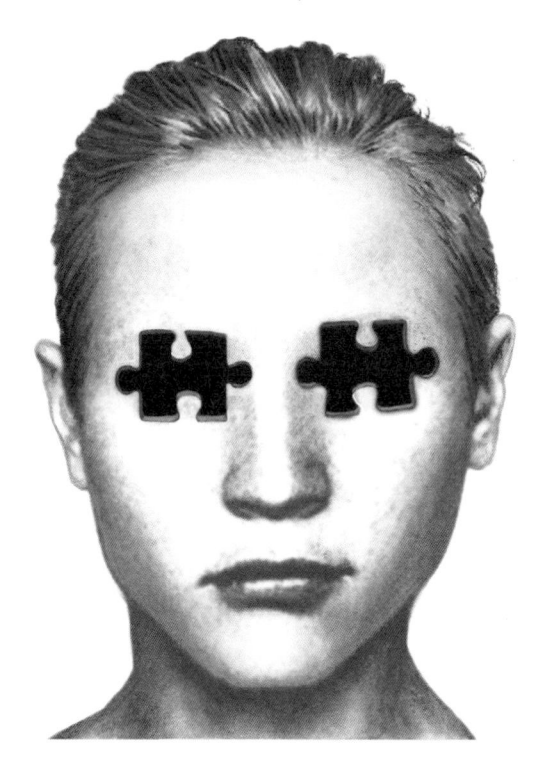

Quentin Tarantino trabalhava em uma locadora chamada Video Archives. Um fã obsessivo de cinema, ele via e discutia com os clientes o máximo de filmes que podia e prestava atenção de perto nos tipos de filmes que eles gostavam de alugar. Tarantino disse que isso influenciou suas decisões como diretor e foi citado dizendo que:

"Quando as pessoas me perguntam se eu fiz faculdade de cinema, eu digo: 'Não, eu ia ao cinema.'" Tanto ele quanto Bogdanovich aprenderam a fazer filmes estudando filmes. Tarantino também usou trilhas sonoras como as de Bogdanovich.

Investigue livros, revistas, documentários, sua cultura, seus heróis e seus mentores, porque eles são portas para oportunidades criativas. Eles abrirão caminhos para algum lugar, talvez algum lugar especial. Esteja atento às ideias que circulam em sua área. Certas ideias definem as sensibilidades da cultura naquela época. Tenha certeza de conhecê-las bem.

"Nada é original. Roube de qualquer lugar que ressoe com inspiração e abasteça sua imaginação. Devore filmes velhos, filmes novos, música, livros, pinturas, fotografias, poemas, sonhos, conversas aleatórias, arquitetura, pontes, placas na rua, árvores, nuvens, rios, luzes e sombras."

Jim Jarmusch

Interessado? *Reinvente algo que já existe, na página 205.*
Desinteressado? *Abrace a ignorância, na página 135.*

nunca deixe o improviso ao acaso

Quando Herbie Hancock tocava com Miles Davis e errava alguns acordes, Miles Davis simplesmente os aproveitava em seu solo. Davis transformava as notas erradas em boa música. Ele não tinha raiva dos erros e não fazia Hancock se sentir mal. A razão pela qual Davis era tão tolerante era porque ele confiava em suas próprias habilidades, confiava que poderia lidar com qualquer coisa. Isso, por sua vez, fez Hancock sentir-se confiante e livre para experimentar. Uma atitude de improviso encoraja as pessoas a ser mais flexíveis e a se adaptar.

O grupo de Miles Davis tomava decisões rápidas sob pressão. Todo músico de jazz improvisa quando sola, mas Davis criava uma atmosfera em que os músicos nunca censuravam os erros uns dos outros – erros eram apenas um caminho mais incomum. Ele quase sempre os desencorajava a ensaiar uma música antes de gravar para encorajá-los a tomar riscos e tentar novas possibilidades – uma nova descoberta poderia estar sempre à espera. É por isso que a banda de Davis, quando tocava, soava bem melhor do que a soma de suas partes.

A liderança de Miles nos mostra as vantagens de se adaptar à complexidade e à mudança constante no trabalho. Sua banda negociava entre si à medida que tocava; eles não se atinham a erros nem sufocavam as ideias uns dos outros. Essa "mentalidade jazz" de improviso é essencial para uma liderança eficaz.

Situações novas e desafiadoras quase sempre exigem que improvisemos. Assim, uma banda de jazz é o modelo perfeito de como qualquer grande empresa ou organização deveria funcionar. Organizações geralmente seguem modelos hierárquicos datados em que administrar quer dizer planejar, organizar e controlar. Líderes são vistos como regentes a cargo de uma orquestra que segue um roteiro rígido. As pessoas são julgadas de acordo com a precisão com que seguem o roteiro. Isso induz ao medo de fazer as coisas erradas, de cometer erros. O campeão mundial de boxe Mike Tyson disse: "Todo mundo tem um plano até tomar um murro na boca." A maioria dos planos toma um murro na boca. Líderes confiantes veem um erro como um convite a um novo caminho. Eles se organizam de forma a poder dar o seu melhor, não importa o que acontecer.

É um erro não cometer erros. Como Miles Davis, líderes precisam dominar a arte da experimentação e assumir alguns solos. Os melhores líderes e equipes do mundo improvisam. O jazz mostra que as organizações devem ter uma abordagem criativa em relação à administração e à volatilidade econômica. O improviso é muito importante para largar ao acaso.

"Eu me dou mais quando improviso."

Edward Hopper

Inspirado? *Planeje mais acidentes, na página 117.*

rejeite a aceitação
e aceite a rejeição

Eis alguns livros famosos e o número de vezes que eles foram rejeitados por editoras antes de serem finalmente publicados. *Fernão Capelo Gaivota*, de Richard Bach, foi rejeitado 140 vezes; *E o vento levou*, de Margaret Mitchell, 38; *Carrie – A estranha*, de Stephen King, 30; *Uma grande aventura*, de Richard Adams, 26; *Harry Potter e a Pedra Filosofal*, de J.K. Rowling, 12; *Crepúsculo*, de Stephenie Meyer, 14.

O que todos esses autores tinham em comum eram disciplina e dedicação para sacrificar conforto, para ir até o fim com os seus projetos. Toda vez que um manuscrito era rejeitado, eles o reeditavam, melhoravam a primeira frase, deixavam o parágrafo de abertura mais dinâmico ou acrescentavam um final mais dramático, melhoraram suas obras e melhoraram como escritores. Superar o obstáculo da rejeição abriu avenidas de descoberta pessoal que permitiu que eles descobrissem suas verdadeiras naturezas.

Ninguém gosta da rejeição. O pequeno consolo em relação à crítica é que pelo menos tem alguém que a leva a sério, mas a rejeição quer dizer que eles não se importam mesmo. Todos os grandes pensadores criativos já passaram por isso. Sua resposta determinou se eles seriam definitivamente um sucesso ou um fracasso. A rejeição fortalece e revigora a determinação de pessoas muito bem-sucedidas.

O medo da rejeição pode fazer você parar de querer mostrar seu trabalho. Aqueles que o rejeitam – marchands, editores, promotores ou colecionadores – têm suas próprias motivações. Quando uma galeria devolve o trabalho de um artista, não é sempre porque o trabalho não tem qualidade, mas porque não se encaixa na filosofia da galeria ou o estilo e o tema da obra não são compatíveis com o de seus outros artistas. Talvez o preço pelo trabalho esteja muito alto ou muito baixo para colecionadores. Talvez seja apenas muito grande para a galeria. Não é sempre um julgamento a respeito da obra ser boa ou ruim.

Grandes pessoas criativas percebem que não têm nada a perder em uma rejeição. É o seu sonho de futuro que foi rejeitado, não sua realidade atual. Eles desejam ter suas pinturas expostas em uma grande galeria. Se tentam e não conseguem, eles estarão na mesma situação, e não pior do que estavam antes. Eles não têm nada a perder em tentar; então tentam e tentam de novo.

Uma vez encontrei com um de meus ex-alunos que disse de forma otimista: "Minhas cartas de rejeição têm sido mais encorajadoras ultimamente." Eu nunca esquecerei sua atitude positiva. Foi realmente emocionante. Mais tarde eu fiquei sabendo que ele recebeu uma carta de aceitação. Aplauso e sucesso dão origem à complacência e à mediocridade. Rejeição dá origem à determinação. Ela te encoraja a reexaminar seu trabalho e melhorá-lo, a lutar para ser melhor.

"Acho que todas as grandes inovações são construídas sobre rejeições."

Louis-Ferdinand Céline

Descubra a alegria de duvidar de si mesmo e de se sentir inadequado, na página 50.

seja o mais irritante possível

Em 1729, Jonathan Swift escreveu e publicou *Uma modesta proposta*, um livro que sugeria que as crianças pobres deveriam ser comidas. Swift era um escritor respeitado, autor de livros como *As viagens de Gulliver*, e, quando sugeriu que os pais irlandeses vendessem seus filhos para os ricos comerem, foi levado a sério por alguns. O livro descreve as condições dos mendigos famintos na Irlanda e segue observando que "uma criança pequena saudável e bem-criada, quando completa um ano, é um alimento delicioso, nutritivo e completo, seja guisada, assada, cozida ou ensopada". Swift explica em detalhes por que é uma boa ideia comer crianças; ele lista receitas, métodos de preparação para a cozinha e cálculos que explicam os benefícios financeiros aos pobres. Os leitores acharam que Swift estava sugerindo canibalismo e infanticídio a sério. Eles ficaram ultrajados. Perto do fim do livro, Swift apresenta aos poucos as reformas que ele dizia acreditar serem as soluções e os leitores lentamente perceberam que haviam sido provocados.

O livro de Swift teve um impacto profundo. Uma proposta sóbria e convencional de reformas passaria despercebida. Swift queria que algo acontecesse. Ele queria que as coisas mudassem logo. Ele precisava causar impacto e chegar à sua questão junto ao maior número de pessoas. Ele arriscou. Ele caminhou no limite do precipício. Poderia ter dado tudo errado, mas não deu.

Provocar é uma tática legítima. Provoque uma reação. Provoque a mudança. Provoque a consciência. É importante que as pessoas se envolvam emocionalmente. Se você tem uma mensagem que quer passar adiante, precisa atrair a atenção das pessoas, senão estará falando sozinho. Todo pensador criativo é no fundo um provocador cultural que quer mudar, transformar e elevar a consciência.

A criatividade não é para os cautelosos. É para pessoas que põem o seu pescoço na reta. Não devemos ter medo de ofender; devemos ter medo de não sermos ouvidos.

"Obviamente eu irrito as pessoas. Obviamente eu as contrario."
Peter Greenaway

Inspirado? *Arremesse bombas de sinceridade, na página 151.*

faça polinização cruzada

A maior parte de vocês está viva para ler este livro graças a Alexander Fleming. Milhões de vidas foram salvas por sua descoberta da penicilina e dos antibióticos. Se antibióticos não salvaram sua vida, salvaram a de algum dos seus antepassados.

O que distingue Fleming de outros cientistas é que ele pensava como um artista; ele estava mais interessado nos experimentos que davam errado do que nos que funcionavam. Ele não seguia o rumo lógico e racional, mas buscava pelo estranho e pelo diferente. Ele usava métodos artísticos em vez de científicos.

Em setembro de 1928, Fleming achou um fungo que matava culturas abandonadas de bactérias. As cores e os padrões que o fungo criava o fascinaram. Foi o que levou Fleming a descobrir as propriedades antibióticas da penicilina, propriedades que mudaram o mundo da medicina para sempre. Muitos outros cientistas haviam visto a penicilina crescer em suas placas de Petri antes de Fleming, mas eles apenas as descartavam como erros, jogando-as fora.

Fleming era um bom aquarelista. Ele tinha mais afinidade com os artistas que encontrava no Chelsea Arts Club do que com seus colegas cientistas. Ele também pintava com materiais incomuns, usando bactérias para retratar dançarinos, prédios, batalhas e outros temas. Ele criava essas pinturas deixando micróbios crescerem em placas de Petri que ele enchia de ágar, uma substância gelatinosa, aplicando diferentes espécies para diferentes áreas de acordo com as cores que ele sabia que iriam crescer. As cores das pinturas de bactérias eram vibrantes. O fato de elas estarem vivas deixava Fleming mais animado. A paleta de Fleming se tornou mais rica enquanto ele continuava descobrindo bactérias com pigmentos adequados. Ele colecionava bactérias por suas qualidades artísticas enquanto os outros cientistas só as colecionavam se fossem úteis ou práticas.

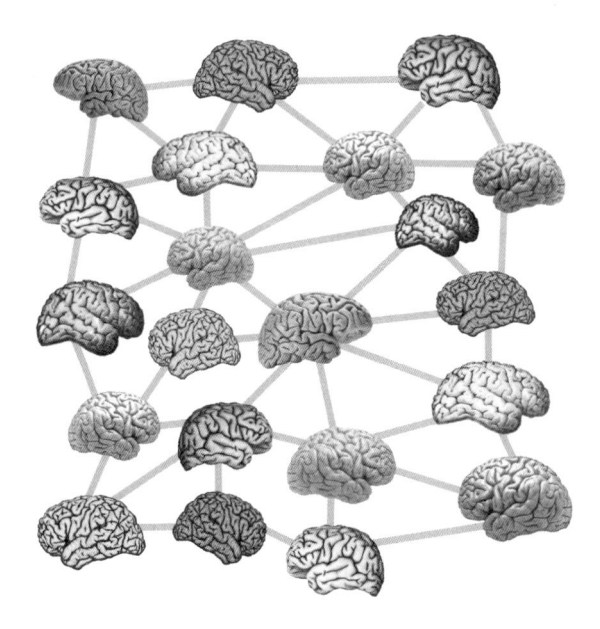

Fleming era tão artista quanto cientista e borrou a fronteira entre as duas disciplinas. Seu laboratório era bagunçado como um estúdio

de um artista. Placas de Petri, micróbios e equipamentos científicos ficavam jogados por lá. Quando Fleming descobriu a penicilina, o que ele estava procurando era algo que pudesse utilizar em suas pinturas, algo raro. Fleming passou sua vida procurando pelo incomum e os processos que o criavam.

Fleming fez outras descobertas enquanto procurava pelo estranho e pelo raro. Ele deixou uma vez que o muco caísse do seu nariz em uma placa de Petri só para ver o que aconteceria. Uma nova cor? Uma nova bactéria? Ele descobriu que o muco matava as bactérias. Ele tinha descoberto a lisozima, um antibiótico produzido naturalmente pelo corpo. Fleming descobria o que era especial naquilo que os outros jogavam no lixo.

Muitos grandes cientistas, apesar de sua dedicação aos seus temas, estavam profundamente interessados em artes e escreviam romances, pintavam, tocavam música e esculpiam. Einstein tocava violino todo dia e levava o instrumento consigo para todo lugar. Norbert Wiener, o fundador da cibernética, escrevia romances. Darwin tinha um profundo interesse em Shelley. Niels Bohr adorava Shakespeare. O amplo interesse por cultura enriquecia seus próprios assuntos.

Empresas inovadoras como a produtora dinamarquesa de aparelhos de audição Oticon apreciam os benefícios gerados pela polinização cruzada de ideias. Eles descobriram que reuniões espontâneas estavam acontecendo nas escadas de seus escritórios. Os empregados de diferentes andares trocavam ideias e informações. A Oticon ampliou os degraus para encorajar discussões multidisciplinares. A Nokia encorajava sua equipe a almoçar nos refeitórios em vez de comer na própria mesa ou na rua. Os empregados se misturavam com pessoas de vários departamentos e era uma forma valiosa de polinização cruzada de ideias. Os pensadores criativos bem-sucedidos buscam ideias em qualquer lugar.

"Você pode olhar para qualquer lugar e encontrar inspiração."
Frank Gehry

Descubra como Robert Zimmerman usou uma abordagem semelhante para se tornar um dos cantores e compositores mais populares do mundo, na página 168. Ou conheça outro grande pensador que se recusava a ficar restrito aos limites de sua área – e tornou todos nós mais ricos no processo, na página 62.

continue brincando

Do nada, a Fox Broadcasting Company pediu a Matt Groening para que ele tentasse criar uma animação curta para TV. Era sua grande chance. Groening queria usar os personagens de sua famosa tirinha *Life in Hell*. Ele descobriu quinze minutos antes da apresentação que a Fox insistiria em ser detentora dos direitos dos personagens e não queria perder o controle deles. Ele decidiu não mostrar para eles o que ele havia preparado e precisava de uma ideia completamente nova, imediatamente. Em uma situação desesperadora, Groening inventou apressado *Os Simpsons*, a família disfuncional de desenho animado, enquanto estava esperando na antessala. Ele deu a eles os únicos nomes que ele podia pensar rapidamente: os de seus próprios pais e irmãs. Deu certo. Aquilo evoluiu para um programa de meia hora passando toda semana por mais de vinte anos – dando origem a filmes, livros, brinquedos e um império de cultura pop no valor de milhões. Nunca houve um programa de TV que tivesse o mesmo impacto cultural.

Decorar sem pensar velhas informações na escola era tão chato que Matt Groening se sentia completamente desencorajado. Ele queria se expressar, por isso desenhava escondido entre as aulas. A excitação de criar algo do nada o inspirou a produzir centenas de desenhos. Seu refúgio era a sala de artes. Ele logo percebeu que não tinha talento artístico tradicional e, por isso, incorporou histórias e piadas em seus desenhos para torná-los mais interessantes. Ele explicava que cartuns davam certo para pessoas como ele que não eram tão boas com desenho nem tão boas com escrita – por isso eles tinham que colocar aquelas duas metades de talento juntos e inventar uma carreira. Groening acreditava que os desenhos seriam seu ganha-pão. Seus amigos também tinham sonhos parecidos, mas um a um eles foram se tornando adultos sérios. Groening sabia que não poderia segui-los. Ele continuou brincando; ele trabalhava como cartunista e fazia bicos de meio expediente para pagar as contas.

Groening viu o espírito de seus contemporâneos que haviam tomado atitudes sérias em relação às suas profissões murchar e morrer lentamente. Suas vidas secavam enquanto a dele florescia.

Não importa quem você é ou o que você faz, continuar brincando é a única forma de tirar o máximo de uma situação. Brincar pode ajudar qualquer área de atividade, porque assim descobrimos e exploramos todas as opções disponíveis.

O autor e psiquiatra Dr. Stuart Brown passou décadas estudando a importância da brincadeira para as pessoas em todas as fases da vida, incluindo executivos e vencedores de Prêmio Nobel. Ele leu mais de 6 mil estudos que exploravam o papel da brincadeira na vida de cada um. Ele descobriu que a falta de brincadeiras era um fator importante em prever o comportamento criminoso entre assassinos nas prisões do Texas. Brown explicava que brincar deve ser "sem propósito, divertido e agradável". O foco deve ser a própria experiência e não atingir uma recompensa. Infelizmente, o único tipo de brincadeira aceita em sociedade é a competitiva, normalmente na forma de esportes que têm claro o objetivo da vitória.

Brincar é um catalisador. Aumenta a produtividade e é vital para resolver problemas. Brincar não é levado a sério o suficiente; é tão importante para adultos quanto para crianças. Nós não perdemos a necessidade de novidade só porque envelhecemos. Todos nós precisamos nos lembrar de que brincar cria soluções úteis e práticas. Você é um sucesso em sua área se você não sabe se o que está fazendo é trabalho ou diversão.

"O homem fica quase completo quando atinge a seriedade de uma criança brincando."

Heráclito

Sentindo-se muito velho para ser infantil? Deixe Georgia O'Keefe persuadi-lo do contrário, na página 70.

não seja recessivo
em uma recessão

A empresa Kellogg's se tornou um sucesso por uma decisão inesperada de Will Keith Kellogg. No final dos anos 1920, a Kellogg's era uma das empresas que competiam no mercado de cereal matinal. Quando aconteceu a Grande Depressão, as outras empresas fizeram o previsível: controlaram os gastos e limitaram os anúncios. Todas as grandes empresas diminuíram suas despesas. Crises são épocas em que considerações de curto prazo ganham de potenciais de longo prazo.

As principais empresas olharam umas para as outras e pensaram: "Estão cortando o orçamento – melhor fazer o mesmo." Era a sabedoria aceita. Em tempos difíceis, a maior parte das empresas investe menos em pesquisa e desenvolvimento. Elas tentam preservar o que têm. Era o racional. Fazia sentido. Kellogg tomou uma decisão irracional: ele dobrou o orçamento em publicidade. Kellogg fez o contrário de todo mundo. Ele pensava pelo seu ponto de vista. A Grande Depressão estava começando, mas ele entendeu que as pessoas ainda precisavam comer, e o café da manhã escolhido pela maioria dos americanos era cereal com leite. Foi isso que o distinguiu como um pensador criativo em vez de apenas um diretor executivo. Kellogg ouviu um time de peritos financeiros. Seus contadores e conselheiros financeiros estavam pressionando-o a cortar despesas, mas às vezes o clamor dos especialistas cria nuvens de confusão e é preciso um pensador original para ver as coisas com clareza.

Crises criam mais oportunidades para desafios, não menos. Kellogg viu que ele nunca mais teria uma vantagem competitiva tão grande. Quando todo mundo está gastando livremente em publicidade, é difícil se sobressair, mas quando os anúncios estão mais escassos, o rendimento sobre o gasto cresce. Décadas depois, as estatísticas ainda mostram que as empresas que continuam a gastar em propaganda durante recessões vão significativamente melhor do que aquelas que fazem grandes cortes. O que acontece? As empresas continuam cortando publicidade nas recessões. Seus instintos dizem para cortar. Gastar em crises parece errado, mesmo que esteja certo. No começo da Grande Depressão, a Kellogg's brigava para dominar o mercado de cereais. No final, ela o dominava completamente.

Nossas cabeças estão cheias de ideias que herdamos de nossa cultura, de nossas famílias e instituições. Nós as recebemos quando somos jovens e abertos a conceitos que são passados para nós. São parte do nosso condicionamento social. Pensadores originais conseguem deixar essas ideias recebidas de lado. Eles analisam *como* eles pensam, bem como *o que* eles pensam. Isso os permite que vejam estas verdades aceitas como são e ir com elas ou ignorá-las se for adequado.

Tente se distanciar entre você e a sabedoria comum. Se você clarear seus pensamentos, terá um entendimento mais profundo do que aqueles ao seu redor. Esteja preparado para nadar contra a corrente.

"A maior vantagem competitiva é fazer a coisa certa na pior hora."

Bill Hewlett e David Packard

Conheça outros luminares que nadaram contra a corrente, nas páginas *62, 241* e *273.*

se projete no futuro

Uma chuva torrencial desaba dos céus permanentemente escuros sobre uma cidade interminável de vidro e metal. Nas ruas decadentes, todos os rastros de natureza foram extintos. No alto, carros voadores planam entre prédios, e uma enorme nave paira e projeta anúncios para uma "aventura" em lugares fora do mundo. Trovoadas ressoam enquanto nuvens tóxicas de fogo e fumaça em formato de cogumelo explodem aleatoriamente. A maioria das pessoas deixou o planeta em direção a colônias fora do mundo, motivadas pelos crimes e pela poluição. Uma mistura de raças se funde em bares reciclados, onde no meio do caos e da destruição a câmera cai sobre um Blade Runner.

O filme de Ridley Scott *Blade Runner* imagina as implicações da clonagem e da criação de seres humanos artificiais; de um mundo paranoico onde holofotes penetram em cada esquina escura e a polícia é onipresente; do crescimento desregulado do poder empresarial enquanto a Tyrell Corporation se avulta sobre a cidade em uma pirâmide gigante. A ficção científica pergunta: "O futuro será uma utopia ou uma distopia?" Uma sociedade ideal em que todos vivem em harmonia ou uma sociedade completamente disfuncional?

Os chineses não tinham a habilidade de imaginar qualquer coisa nova ou pensar no futuro. Eles eram líderes mundiais em manufatura, mas precisavam de alguém que lhes dissesse o que fabricar. Eles não conseguiam inventar seus próprios produtos. O governo chinês queria mudar a situação, por isso mandou uma delegação para os Estados Unidos para pesquisar como a força de trabalho na Apple, no Google e na Microsoft havia se tornado tão inovadora. Eles os questionavam na tentativa de descobrir de onde vinham sua criatividade e inventividade. A Apple e o Google estavam inventando o futuro para eles mesmos e para o resto de nós – mas como eles faziam isso? Os pesquisadores descobriram um fator comum: a maioria deles era fã de livros de ficção científica na juventude.

Ficção científica é uma combinação de ciência rigorosa e imaginação irrestrita. Fantasia é importante para o desenvolvimento da ciência. As cidades e os carros da ficção científica uma hora ou outra se tornam as cidades e os carros em que nós moramos e dirigimos. A ficção leva a lugares que você nunca foi e a lugares que não existem. Depois de visitar o futuro, você fica menos satisfeito com o mundo ao seu redor. Esse descontentamento faz as pessoas mudarem e progredirem, faz as coisas melhorarem.

Os chineses, no entanto, tinham um problema: eles haviam banido a ficção científica. Durante a Campanha Contra a Poluição Espiritual (1983-1984), o governo classificou a ficção científica como "poluição espiritual". Eles não viam nenhum benefício prático nela e não queriam que as pessoas fossem criativas ou que viessem com novas ideias; novas ideias são subversivas por natureza. Como um resultado de sua pesquisa nos EUA, no entanto, os chineses passaram a promover vigorosamente a ficção científica em vez de bani-la.

A China agora é o maior mercado de ficção científica do mundo, com a maior circulação de revistas e livros.

O Vale do Silício era o apelido de uma área de São Francisco que era e ainda é lar de muitas das maiores empresas de tecnologia do mundo. O que distingue estas empresas é que elas estão mais interessadas no futuro do que no passado ou no presente. Elas estão sempre olhando para frente. A estrutura das empresas é fluida e flexível para que elas possam mudar e se adaptar rapidamente. Uma característica do Google, da Apple, do eBay, do Yahoo e de muitas outras empresas é que elas são fascinadas pelo futuro. Elas estão constantemente tentando antecipar, predizer ou moldar o que está por vir.

Você cria ficção científica. Todos nós criamos: nós planejamos novas cozinhas, carreiras e férias. Nós nos vemos nelas. Nós as visualizamos. O que seria o melhor e o pior? Vemos os eventos, ouvimos os sons e sentimos as emoções.

A habilidade de nos projetar no futuro é uma das características principais do ser humano. Nossas imaginações são as ferramentas mais poderosas que temos, mais poderosas do que qualquer carro, avião ou foguete, porque são as nossas imaginações que criaram o carro, o avião e o foguete. A imaginação tem vantagens práticas – mas precisa de manutenção constante ou ela enferruja e desaba. Aonde você está indo? Até quando você pode moldar seu próprio destino? Qualquer um de nós, a qualquer hora, pode mudar nosso caminho com as perguntas: "Quem eu quero ser em dez anos?", "Onde eu quero estar em dez anos?" ou "O que eu quero estar fazendo?".

"A mudança é uma lei da vida. E aqueles que olham apenas para o passado ou para o presente certamente perderão o futuro."
John F. Kennedy

Não tem certeza? Tente viver o aqui e o agora, na página 107.

perca a cabeça

Mulheres loucas em um hospício fizeram Hans Christian Andersen perceber que ele era são demais.

Andersen atingiu fama mundial no século XIX por seus contos de fada criativos e exóticos como "O patinho feio" e "A princesa e a ervilha", clássicos até hoje. Suas histórias continuam sendo lidas por todo o mundo. Elas apresentaram gerações de crianças ao mundo extravagante da imaginação. Andersen criava contos e construía mundos oníricos e fantásticos que eram guiados por um senso comum intuitivo.

Histórias contadas por mulheres que estavam internadas em um hospício local, onde sua avó era jardineira, o inspiraram. Andersen sentava-se e ouvia avidamente suas histórias improvisadas cheias de bruxas, fadas, duendes e monstros. Elas o apresentaram à arte do fluxo de consciência e à narrativa improvisada. Mundos imaginários, personagens estranhos e surreais e situações esquisitas vertiam de suas mentes desequilibradas. Como disse Ray Charles: "Sonhos, quando são bons, são sempre meio doidos." Mas suas histórias não tinham forma. Andersen combinava suas imaginações exóticas com roteiros estruturados. Colocar estes aspectos gêmeos trabalhando em conjunto foi a chave de seu sucesso.

Ele combinava o absurdo e o irracional com suas habilidades literárias, roteiros cativantes e observações perceptivas sobre o comportamento humano. Os personagens bizarros de Andersen olham para o mundo com uma perspectiva distorcida e são aptos a ver ou a entender suas situações reais. Muitos dizem que Andersen explorava a mente inconsciente décadas antes dos estudos de Freud e o veem como um pioneiro do movimento surrealista do século XX.

A criatividade requer uma mistura de imaginação irrestrita e aplicação prática, invenções aleatórias e brincadeiras, unidas por um fio

condutor. As crianças e as pessoas insanas são ótimos exemplos de como pensar de forma desprendida e irrestrita. Seus pensamentos fluem livremente e são flexíveis e aleatórios. Portas para áreas não exploradas abrem-se constantemente para elas. Mas crianças e pessoas loucas não impulsionam a inovação tecnológica, criativa ou artística; elas não têm habilidades de organização. O pensamento criativo requer um equilíbrio de cada.

Imaginação e fantasia são componentes essenciais para uma vida mental saudável e satisfatória. Imaginação irrestrita traz resultados positivos e úteis para nossas vidas diárias. A imaginação nos permite ensaiar e planejar construtivamente. Tente encorajar sua mente ao devaneio – isso produzirá resultados tangíveis. Esquecer uma tarefa prática porque sua atenção estava vagando tem poucas consequências se aquele devaneio lhe permitiu ter uma ideia crucial.

"Abra a janela da fantasia para saber o que a realidade pode trazer."

Raul D. Arellano

Descubra por que o autor não passou a roupa por dois anos – e por que isso é bom –, na página 180.

encaixote-se para sair das caixas

Precisa escrever um conto extremamente curto para uma revista? Escreva sobre a brevidade. Precisa desenhar um prédio numa encosta íngreme de uma montanha? Construa-o de uma forma que exagere seus ângulos agudos. Precisa pintar uma imagem em um teto curvo dividido em partes? Michelangelo superou estas limitações ao pintar o teto da Capela Sistina. O maior desafio era encaixar figuras humanas em um teto todo cheio de enjuntas. O teto da capela era uma abóbada de berço, curvada para baixo, separada por enjuntas e a quase vinte metros do chão. Se adaptar à perspectiva distorcida exigia uma imaginação impressionante. Michelangelo usou os formatos incomuns das enjuntas para criar uma composição mais dinâmica do que se ele tivesse tido a liberdade para pintar um teto simples. Ele teve que criar andaimes construídos a partir de buracos nas paredes em vez de vindos do chão. Pela primeira vez em sua carreira, ele teve que usar a complicada técnica de pintura de afrescos. Ele pintou de pé e olhando para cima por meses, tornando esta a pintura mais fisicamente exigente da história. A extensão era enorme se comparada a outras grandes pinturas: pelo menos 1.100 metros quadrados.

Quinhentos anos depois, o teto ainda encanta. É uma obra-prima de drama, cores, pessoas, movimento e cenas. O espectador mal percebe as enjuntas porque elas estão muito integradas à composição.

Às vezes nos sentimos encaixotados pelas restrições, mas temos que tirar o máximo dos limites que nos são impostos e buscar por outras formas ao redor, por baixo e por cima das barreiras. As restrições forçam os criativos a encontrar soluções raras e incomuns. Não desmereça uma oportunidade se ela estiver fora de sua área habitual. As dificuldades práticas podem levar a soluções originais. Criatividade requer libertação mental; ela precisa ser libertada de algo, o que quer dizer que precisa de barreiras para serem superadas. A criatividade é quase sempre uma resposta à limitação.

"Na arte, o progresso não é uma extensão, mas o conhecimento das limitações."

Georges Braque

Mais? *Faça da liberdade uma carreira, na página 276, ou descubra como transformar um revés em uma oportunidade, na página 148.*

para aprender, ensine

Eu aprendi com um dos artistas mais famosos de todos os tempos, o mestre renascentista Rafael. Há uma linha direta de ensino que parte de Rafael e vem até mim. Eu descobri isso através de um trabalho feito pelo fascinante artista inglês Tom Philips; ele remontou suas conexões artísticas e eu adaptei suas descobertas à minha própria linhagem. Quando estive na universidade, tive aulas com um dos maiores artistas modernos da Inglaterra, Frank Auerbach, que aprendeu com David Bomberg; ele, por sua vez, aprendeu com o grande impressionista inglês Walter Sickert. E então uma linha contínua de ensinamento flui através de famosos artistas românticos e retratistas franceses, por Degas de volta a Ingres e Primaticcio, Giulio Romano, e culmina na Renascença com Rafael. É possível ir ainda mais longe: Raphael aprendeu com Giovanni Santi, e então Pietro Perugino e por aí vai. Agora sou professor no Central Saint Martins, não tanto porque quero ensinar, mas porque quero aprender com meus alunos. Eu termino o dia inspirado e transbordando de novas ideias.

E daí? Uma forma de pensar foi passada. Eles todos acreditavam intensamente na difícil verdade de que o ensino diz respeito a indicar as perguntas certas, não as respostas certas. A mágica de verdade ocorre quando todo mundo aprende junto, sendo simultaneamente professor e aluno.

O grande compositor alemão Carl Orff compôs uma das obras mais famosas do século XX, a impressionante *Carmina Burana*. Mas Orff contribuiu ainda mais através do ensino da música. Ele desenvolveu um método, o Orff Schulwerk, que usava imitação, exploração, improvisação e composição em aulas parecidas com o mundo de brincadeiras das crianças. Ele talvez tenha tocado mais vidas do que toda a música clássica do século XX reunida.

Muitos artistas, escritores, compositores e cientistas famosos ensinam. Não por dinheiro, mas para manter-se em contato com os jovens e com as novas ideias que são geradas em sua área. "Enquanto ensinamos, aprendemos", disse o filósofo romano Sêneca. A melhor forma de entender um conceito é explicá-lo a alguém.

O verdadeiro professor protege os alunos de sua influência. Ele inspira os alunos a desconfiar. Ele não produz discípulos. Um professor criativo não ensina nada, mas cria um ambiente de aprendizado. Sua principal tarefa é ensinar os alunos a questionar tudo – incluindo seu professor.

"Você não pode ensinar a um homem nada, você só pode ajudá--lo a encontrar isso em si mesmo."

Galileu

Descubra por que os professores não devem ser peritos, na página 57.

seja um radical do dia a dia

Os colegas do médico-residente Barry Marshall assistiam horrorizados. Ele havia retirado bactérias das entranhas de um paciente seriamente doente com úlcera no estômago e despejado a sopa marrom e nojenta em um copo. Então ele a bebeu. A poção continha mais de um bilhão de bactérias *Helicobacter pylori* e tinha gosto de água do pântano.

Poucos dias depois, Marshall começou a sofrer com náuseas e a vomitar. Uma endoscopia provou que seu estômago havia passado de rosa e saudável para vermelho e extremamente inflamado, os estágios iniciais de uma úlcera no estômago. Em 1984, não havia cura, mas Marshall tomou antibióticos e milagrosamente se curou. Ele havia provado que úlceras no estômago eram causadas por bactérias, revertendo décadas de doutrina médica que dizia que elas eram causadas por estresse e muita acidez. A importância foi enorme: se úlceras eram causadas por bactérias, elas poderiam ser curadas. Foi um dos grandes avanços na história da medicina, salvou milhões de vidas e deu a Marshall um Prêmio Nobel.

Marshall havia tomado duas precauções de segurança: ele não informou ao comitê de ética do hospital porque eles certamente recusariam a permissão. Comitês e criatividade não se misturam. Ele não contou para sua mulher porque cônjuges são sempre cuidadosos demais com sua outra metade. Ela descobriu em alguns dias de qualquer forma, quando ele começou a vomitar e seu hálito estava pútrido.

Marshall foi levado a fazer aquilo porque, apesar de já ter provado o caso através do estudo de seus pacientes, os médicos importantes o estavam desconsiderando. Eles se prendiam ao dogma estabelecido de que úlceras, que naquela época afetavam dez por cento de todos os adultos, eram causadas pelo estresse. Marshall tinha que assistir horrorizado a pacientes de úlcera ter seus estômagos removidos ou sangrando até morrer.

O esnobismo inato da profissão médica insiste que a inovação tem de vir de centros de pesquisas médicas estabelecidos, não do interior da Austrália. Marshall era um médico-residente de 33 anos, nem um médico de verdade ainda. Um pesquisador que assistiu a uma de suas apresentações comentou que "ele simplesmente não tinha o comportamento de um cientista". Marshall também se voltava contra empresas farmacêuticas que haviam investido milhões em produtos que aliviavam os sintomas sem curá-los. A nova teoria jogaria todo esse lucro pela janela. Marshall disse: "Todos estão contra mim, mas eu sabia que tinha razão."

Marshall não podia provar seu caso em experimentos em animais porque o *Helicobacter pylori* só afeta primatas. Como experimentos em pessoas eram banidos, Marshall estava tão desesperado que experimentou no único voluntário ao redor: ele mesmo.

Agir radicalmente frente a hierarquias elitistas e práticas aceitas é ser criativo. Foi essencial para Beethoven como artista lutar contra o *status quo*. Ele lutava contra a padronização de formas musicais ao reinventar a estrutura e o escopo das sinfonias, quartetos de cordas, concertos e sonatas. Naquela época, compositores eram servos pagos, mas Beethoven mudou isso. Ele exigia e recebia altas quantias. Ele foi o primeiro músico a jantar com seus patrões em vez de comer com os empregados – e isso não fez com que ele deixasse de ser um convidado antissocial e contestador. Diretores executivos costumavam assumir uma empresa e estabilizar o navio. Agora eles perturbam o *status quo*, organizando uma nova equipe e trazendo novas ideias. Se você quer transformar as coisas, precisa de uma mentalidade radical.

"Qualquer comportamento que não seja o do status quo *é interpretado como insanidade quando, na verdade, pode ser uma iluminação. Insanidade está meio que no olho do observador."*
Chuck Palahniuk

Descubra outro avanço médico que não teria acontecido sem perturbar o status quo, *na página 165.*

faça da liberdade uma carreira

Os editores do Dr. Seuss apostaram que ele não conseguiria escrever um livro com o limite de apenas cinquenta palavras diferentes. Dr. Seuss ganhou a aposta e no processo produziu um dos livros infantis que mais vendeu em todos os tempos, *Green Eggs and Ham*. Van Gogh usava um máximo de seis cores quando pintava. Picasso focou uma só cor em sua Fase Azul. Eles impuseram essas limitações para eles mesmos. Eles precisavam de uma moldura, mas era a sua moldura, aquela que se adequava a eles.

As pinturas de Jackson Pollock podem parecer caóticas, mas são altamente organizadas. Ele planejava o esquema de cores para cada uma antecipadamente, normalmente não mais do que oito ou dez cores. Ele usava tinta industrial de forma que as cores já estavam misturadas em grandes latas antes de começar a trabalhar. A pintura permite centenas de técnicas para fixar a tinta: esfumar, esmaltar, estocar, raspar – milhares de possibilidades. Mas Pollock só usava uma técnica, arremessando a tinta. Ele não usava imagens figurativas. Ele definiu claramente os limites de seu trabalho e se manteve rígido a eles. Mas dentro disso ele trabalhava com liberdade. Ele não criou regras; eram mais como pontos cardeais para preveni-lo de se perder em uma miríade de possibilidades. Nos anos 1950, os críticos de arte aclamaram as enormes pinturas expressionistas e abstratas como revolucionárias e únicas.

Se você tiver que se decidir entre uma boa opção e uma má opção, é fácil. Quando você tem que se decidir entre uma boa opção, uma boa opção e outra boa opção, é difícil. Psicólogos descobriram que ter muitas opções, mesmo só boas, leva à paralisia de escolhas. O professor Hazel Rose Markus do Departamento de Psicologia da Universidade de Stanford diz: "Mesmo nos contextos em que a escolha pode estimular a liberdade, o empoderamento e a independência, não quer dizer que seja um bem perfeito. A escolha também pode produzir incerteza paralisante, depressão e egoísmo."

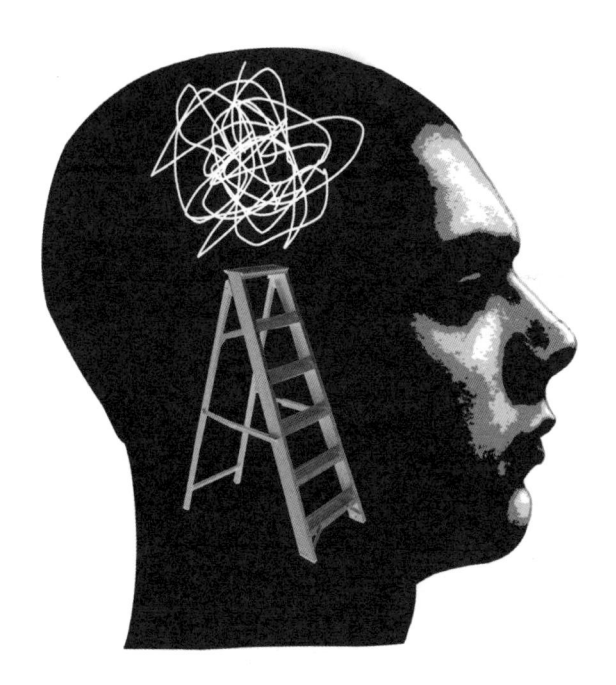

Se você trabalha sem limites, você irá descobrir quais limites precisa para se estruturar. As pessoas criativas precisam trabalhar com liberdade completa, mas, paradoxalmente, para se impedir de cair no caos, estabelecem parâmetros e limitações para seu trabalho. A liberdade total pode ser um labirinto perigoso e confuso no qual nos perdemos. Trabalhe sem limites para descobrir suas próprias fronteiras. Uma vez que você descubra os limites de que precisa para trabalhar, você pode trabalhar com liberdade.

"Arte é limitação; a essência de todo quadro é a moldura."

G. K. Chesterton

Inspirado? *Traga caos à ordem, na página 199.*
Sem inspiração? *Tente ir do A ao B pelo Z, na página 238.*

exercícios

Os exercícios a seguir não são feitos para produzir resultado nenhum, apenas para estimulá-lo.

Eles se referem a muitas das pessoas criativas que mencionamos neste livro.

Arrume uma briga com você mesmo

Por um dia, caia em contradição. Se você normalmente acorda tarde, acorde cedo e pergunte: "Por que faço as coisas dessa forma?" Se você "não consegue" viver sem tomar um café pela manhã, tome um suco de laranja. Questione as coisas que faz sem se questionar. Se normalmente trabalha no computador, trabalhe no papel. Seja o contrário de si mesmo por todo o dia. Faça o oposto do que quer fazer. Reprogramar seus circuitos lhe dará um conhecimento mais profundo sobre si mesmo.

Pense sobre pensar

Analise a forma como você pensa. Qual foi sua melhor ideia? Pense em como você a teve e o que aconteceu antes. Qual foi sua pior ideia? Ela germinou de forma diferente de sua melhor ideia? Quem normalmente o inspira? O que você pode aprender com eles? Faça um diagrama prático e realista de seus processos de pensamento, como um diagrama das engrenagens de um motor de um carro, e então o estude. Alguma surpresa?

Fique só com "amigos"

É bem difícil ser criativo sem ficar sozinho de vez em quando. Todas as pessoas criativas que conheço que trabalham muito com outras pessoas – coreógrafos, diretores de teatro, diretores de empresa – precisam de uma quantidade alta de solidão. Espaço para pensar. Sente-se em um cômodo e se deixe divagar. Comece com um minuto e depois aumente para dez, depois aumente mais. É o oposto da meditação: você não está tentando esvaziar sua mente de pensamentos; você está tentando enchê-la com pensamentos. Ideias começarão a crescer em sua mente. Você não está só, você tem amigos. Desenvolva-os.

Preste atenção no subestimado

Muitas pessoas criativas que conhecemos são observadoras. Elas ficam atentas e percebem algo que os outros não viram. Enquanto brincava com seus filhos num parque de diversões, Walt Disney percebeu quantos pais chateados se sentavam ao redor. "Por que não há nenhum entretenimento aqui para os pais?", ele pensou. Ele teve a ideia da Disneylândia. Vá para um lugar público e anote vinte observações sobre as pessoas. Estude-as. Tente entendê-las.

Renomeie-se

Mozart mudava seu nome quase toda semana, por toda a sua vida. Ele foi batizado Joannes Chrysostomus Wolfgangus Theophilus Mozart, mas ele geralmente se referia a si mesmo como Amade. Quando casou, ele mudou seu nome para Adam, como Adão, o primeiro homem, como uma forma de se declarar renascido. Ele alterava constantemente seu nome como uma forma de experimentar diferentes identidades. Pense em dez novos nomes para você. Eles são uma declaração sobre suas crenças? O que eles contam para as pessoas sobre você?

O objeto do objeto

Reúna alguns objetos, talvez uma tesoura, um rolo de fita, um grampeador – qualquer coisa. Agora brinque com as possíveis combinações. Mexa-os. Veja como eles podem se encaixar. Eles eventualmente formarão uma combinação que parece certa ou inevitável. Você pode ter inventado uma nova ferramenta ou uma obra de arte. Ela revelará para você como você pensa em relação às coisas.

Ouça por acaso o que vem de lá

O diretor de cinema Christopher Guest tem suas ideias ouvindo as pessoas. Enquanto esperava na recepção de um hotel, ele ouviu sem querer conversas superficiais entre integrantes de uma banda de rock de segundo escalão, e assim nasceu seu filme *This is Spinal Tap*. Sente-se em um café, em um bar ou em um ônibus e anote as conversas que escuta. Você ficará surpreso com as pérolas extraordinárias que emergirão.

Deixe uma marca

Às vezes meus alunos estão ardendo por dentro para ser criativos, mas não sabem como começar. Pode ser que eles amem pintar e queiram desesperadamente pintar, mas não conseguem pensar *no que* pintar. Eles estão esperando por um conceito profundamente significativo e revolucionário, mas ele nunca chega. Eu os faço deixar uma marca na tela com tinta. Pode ser uma pincelada. E então fazer outra, em resposta à primeira. Depois outra. A conversa começa. Logo eles têm uma pintura. O mesmo vale para a escrita ou qualquer outro campo criativo. Escreva uma palavra e depois outra em resposta. Logo você terá uma história.

referências

Biskind, Peter, 1998. *Easy Riders, Raging Bulls*. USA: Simon and Schuster.

Branson, Richard, 2012. Richard Branson Bares His Business 'Secrets'. http://www.npr.org/2012/10/10/162587389/virgins-richard-branson-bares-his-business-secrets

Buckminster Fuller, R. http://www.designmuseum.org/design/r-buckminster-fuller

Csikszentmihalyi, Mihaly, 1996. *Creativity*. USA: HarperCollins.

Dalí, Salvador. http://www.youtube.com/watch?v=Wj9YAib_XnI

Dash, Joan, 2000. *The Longitude Prize*. USA: FSG.

De La Roca, Claudia, 2012. Matt Groening Reveals the Location of the Real Springfield. http://www.smithsonianmag.com/arts-culture/matt-groening-reveals-the-location-of-the-real-springfield-60583379/?no-ist

Dunn, Rob, 2010. Painting With Penicillin: Alexander Fleming's Germ Art. http://www.smithsonianmag.com/science-nature/painting-with-penicillin-alexander-flemings-germ-art-1761496/?no-ist

Feynman, Richard, 1994. *No Ordinary Genius: The Illustrated Richard Feynman*. Nova York: W.W. Norton & Company, Inc.

Finch, Christopher, 2010. *Chuck Close: Life*. USA, Prestel.

Gaiman, Neil, 2013. Reading and Obligation. http://readingagency.org.uk/news/blog/neil-gaiman-lecture-in-full.html

Kathleen D. Vohs, Joseph P. Redden e Ryan Rahinel, 2013. Physical Order Produces Healthy Choices, Generosity, and Conventionality, Whereas Disorder Produces Creativity. Carlson School of Management, Universidade de Minnesota.

Klotz, Laurence, novembro de 2005. How (Not) to Communicate New Scientific Information: A Memoir of the Famous Brindley Lecture. BJU International.

Marshall, Barry J., 2005. Helicobacter Connections. http://www.nobelprize.org/nobel_prizes/medicine/laureates/2005/marshall-lecture.pdf

McNeal, Jeff, 1999. A candid conversation with Pixar. http://www.thebigpicturedvd.net/bigreport4.shtml

Morais, Fernando, 2010. *Paulo Coelho: A Warrior's Life – The Authorized Biography*. Inglaterra: HarperOne.

Ordóñez, Lisa D., Maurice E. Schweitzer, Adam D. Galinsky, and Max H. Bazerman, 2009. Goals Gone Wild: The Systematic Side Effects of Over – Prescribing Goal Setting. Harvard Business School.

Orenstein, Arbie (ed.), 2003. *A Ravel Reader: Correspondence, Articles, Interviews*. Londres, Dover Publications.

Ponseti, Ignacio. http://www.ponseti.info/clubfoot-and-the-ponseti-method/what-is-clubfoot/ponseti-method.html

Roylance, Brian (ed.), 2000. *The Beatles Anthology*. Inglaterra, Weidenfeld & Nicolson.

Samuelson, Paul A., 1970. How I Became an Economist. http://www.nobelprize.org/nobel_prizes/economic-sciences/laureates/1970/samuelson-article2.html

Tharp, Twyla, 2002. *The Creative Habit: Learn It and Use it for Life*. Londres, Simon and Schuster.

Tim Rees, Jessica Salvatore, Pete Coffee, S. Alexander Haslam, Anne Sargent, Tom Dobson, 2013. Reversing downward performance spirals, *Journal of Experimental Social Psychology*, vol. 49, Issue 3, pages 400–403.

Tufte, Edward, 1997. *Visual Explanations: Images and Quantities, Evidence and Narrative*. USA: Graphics Press.

Usher, Shaun, 2014. *Letters of Note: An Eclectic Collection of Correspondence Deserving a Wider Audience.* USA, Chronicle Books.

Winslet, Kate. The impostor phenomenon – Feeling like a fraud, 2000. http://theinneractor.com/111/feeling-like-a-fraud/

agradecimentos

Agradeço à minha filha Scarlet Judkins por ser modelo para as ilustrações de Perca a Cabeça, Seja um Revolucionário Conservador e Desenhe a Diferença. Ao meu filho Louis Judkins por ter sido o modelo em Faça da Liberdade uma Carreira, Torne o que Você Diz Inesquecível, Abra Sua Mente e por usar suas mãos e várias outras partes do corpo em outras ilustrações. A força de energia e inspiração que é Zelda Malan sugeriu inúmeras melhorias. Agradeço a Drummond Moir por ter pedido e editado o livro e por suas sugestões e contribuições criativas. Sem meu agente literário, Jonathan Conway, o livro nunca teria saído do chão. Agradeço a Jacqui Lewis pela preparação do texto e a Barbara Roby pela revisão. A capa interessante foi desenhada por Ben Summers. Obrigado aos meus colegas e alunos das universidades em que ensino.

Impressão e Acabamento:
GRÁFICA STAMPPA LTDA.